W0405235

LERNERLEBNIS

ENTDECKEN - HANDELN - VERSTEHEN

Griechische Antike

Erarbeitet von
Roswitha Tewes-Eck und Erich Dunkel

Schöningh

Bildquellenverzeichnis

American School of Classical Studies, Athen (Foto: Marie und Craig Mauzy): S. 51 o./2; Antikensammlung, München: S. 32/2; © Artia, Prag: S. 42 u. (Zeichnung: Zdenka Marscholová), S. 69 u., S. 70 l. und M. (Zeichnungen: Ivan Miniarík/Jirí Tesar); Bildarchiv Preußischer Kulturbesitz, Berlin: S. 10/1, S. 58; British Museum, London: S. 32/2, S. 37/1, S. 44, Lösungsteil/S. 3; aus: Ludwig Drees, Olympia, Stuttgart/Kohlhammer 1967, S. 135 und S. 22 (Zeichnungen: Anton Zell): S. 7 u., S. 32/1; Archiv Gerstenberg, Wietze: S. 10/1; Hirmer Fotoarchiv, München: S. 32/1, S. 37/1; aus: Leda Krontira, Ein Besuch im Delphi des Apollon, Athen/Ekdotike Athenon 1996, S. 113 und S. 33 (Zeichnung: Vally Liapi): S. 22/2; läenderpress, Düsseldorf/Mainz: S. 10/1; aus: Leo und Maria Lanckoronski, Mythen und Münzen, München/Heimeran 1958, S. 31/Abb. 7 und S. 67/Abb. 23 (Privatbesitz; Foto: Leo Lanckoronski): S. 4; Museum of Fine Arts, Boston: S. 32/1; aus: Anton Powell, Das Buch vom Alten Griechenland, Würzburg/Arena 1990: S. 8 o., S. 10/1, S. 47/1 (Zeichnung: Peter Chesterton), S. 52/1 (Zeichnung: Kevin Maddison/Chris Forsey); aus: Anton Powell/Philipp Steele, Die griechische Zeitung, © 1998 Kinderbuchverlag Luzern (Sauerländer AG), Aarau, S. 8 (Illustartionen © 1996 Walker Books Ltd., London; Zeichnung: Martin Brown): S. 10/1; aus: H. Reichardt, Die alten Griechen (Was ist was, Bd. 64), Nürnberg – Hamburg/Tessloff 1979, S. 40 und S. 31 (Zeichnungen: Anne-Lies Ihme/Gerd Werner): S. 69 M., S. 70 r.; Scala, Florenz: S. 37/1; Service de documentation photographique, Paris: S. 32/3; Staatliches Münzkabinett, München: S. 59 M.; C. Stibbe, Amsterdam: S. 51 u./1; Ingrid Thomas, Plettenberg: S. 43/6; Vatikanische Museen, Rom: S. 37/1; weitere: Verlagsarchiv Schöningh, Paderborn.

Sollte trotz aller Bemühungen um korrekte Urheberangaben ein Irrtum unterlaufen sein, bitten wir darum, sich mit dem Verlag in Verbindung zu setzen, damit wir eventuelle Korrekturen bzw. übliche Vergütungen vornehmen können.

Bastelbögen: Ingrid Thomas, Plettenberg (Idee und Konzeption)

© 1999 Ferdinand Schöningh, Paderborn

© ab 2004 Bildungshaus Schulbuchverlage
Westermann Schroedel Diesterweg Schöningh Winklers GmbH
Braunschweig, Paderborn, Darmstadt

www.schoeningh-schulbuch.de
Schöningh Verlag, Jühenplatz 1–3, 33098 Paderborn

Das Werk und seine Teile sind urheberrechtlich geschützt.
Jede Nutzung in anderen als den gesetzlich zugelassenen Fällen bedarf der vorherigen schriftlichen Einwilligung des Verlages.
Hinweis zu § 52a UrhG: Weder das Werk noch seine Teile dürfen ohne eine solche Einwilligung gescannt und in ein Netzwerk gestellt werden.
Das gilt auch für Intranets von Schulen und sonstigen Bildungseinrichtungen.

Auf verschiedenen Seiten dieses Buches befinden sich Verweise (Links) auf Internet-Adressen. Haftungshinweis: Trotz sorgfältiger inhaltlicher Kontrolle wird die Haftung für die Inhalte der externen Seiten ausgeschlossen. Für den Inhalt dieser externen Seiten sind ausschließlich deren Betreiber verantwortlich. Sollten Sie dabei auf kostenpflichtige, illegale oder anstößige Inhalte treffen, so bedauern wir dies ausdrücklich und bitten Sie, uns umgehend per E-Mail davon in Kenntnis zu setzen, damit beim Nachdruck der Verweis gelöscht wird.

Druck 8 7 6 / Jahr 2011 10 09
Die letzte Zahl bezeichnet das Jahr dieses Druckes.

Umschlaggestaltung und Illustrationen: Veronika Wypior
Druck und Bindung: Friedrich Pustet, Regensburg

ISBN 978-3-14-024600-2

Lösungsteil

Lösung zu Seite 9

Das Lösungswort lautet POLITIK.

Lösung zu Seite 10

Das Lösungswort lautet HELLENEN.

Lösung zu Seite 11

Das Lösungswort lautet MYTHOLOGIE.

Lösung zu Seite 15/16

1. POSEIDON (O)
2. APOLLON (L)
3. DIONYSOS (Y)
4. HERMES (M)
5. APHRODITE (P)
6. ZEUS (U)
7. ATHENE (N)
8. HADES (D)
9. HEPHAISTOS (H)
10. ARTEMIS (A)
11. DEMETER (D)
12. HERA (E)
13. ARES (S)

Die beiden Gegensätze sind: OLYMP UND HADES.

Lösung zu Seite 22

Der Apollon-Tempel ist der größte, prächtigste Tempel im Mittelpunkt des Bildes.
Die Schatzhäuser befinden sich im linken vorderen Teil des Bildes.
Das Theater ist hinter dem Apollon-Tempel an den Berg gebaut.

Lösung zu Seite 23

Nach den von Dana gestellten Fragen ist der Text in der folgenden Reihenfolge zu ordnen:
An dem Ort, an dem später die Orakelstätte entstand, gab es – wenn man der Sage glauben will – eine heilige Quelle, die von der Drachenschlange Pytho bewacht wurde.
Sie war ein schreckliches Ungeheuer, das jeden, der sich der Quelle näherte, verschlang.
Apollon tötete das Ungeheuer mit seinem goldenen Pfeil und nahm das Heiligtum in seinen Besitz.
Seitdem wurde Apollons orakelnde Priesterin Pythia genannt, in Erinnerung an die getötete Schlange.
Die Pythia bereitete sich durch heilige Reinigungszeremonien, durch das Trinken des heiligen Quellwassers und das Kauen von Lorbeerblättern auf die heilige Handlung des Wahrsagens vor.

Nachdem die Priester die Pythia feierlich ins Allerheiligste des Apollon-Tempels geleitet hatten, bestieg sie den lorbeergeschmückten heiligen Dreifuß, der über einer Erdspalte gestanden haben soll.

Durch das Einatmen berauschender Dämpfe, die aus dieser Erdspalte hervorstiegen, verfiel sie in eine Art Trancezustand und unter krampfartigen Zuckungen gab sie Schreie und zusammenhanglose Worte von sich. Und diese gestammelten Worte waren die Antwort des Gottes Apollon, die von den Priestern gedeutet und den Rat Suchenden in Form eines Orakelspruches mitgeteilt wurden.

Apollon brauchte noch Priester für sein neu gegründetes Heiligtum.

Als er eines Tages aufs Meer hinausblickte, sah er in der Ferne ein Schiff, das sich verirrt hatte.

Apollon verwandelte sich in einen Delphin und lenkte das Schiff zu seinem neuen Heiligtum.

Den Seefahrern befahl er, ihm als Priester zu dienen. So nannten die ersten Apollon-Priester diesen Ort Delphi, weil Apollon sie in Delphingestalt hierher geführt hatte.

Das Orakel konnte jeder befragen. Es war alles nur eine Frage des Geldes.

Die meisten Leute begnügten sich mit dem Losorakel. Hierbei durfte man nur ganz einfache Fragen stellen. Die Pythia zog dann vor aller Augen eines der beiden Lose, also entweder das göttliche „Ja“ oder das göttliche „Nein“. So hatte Apollon durch das Los gesprochen.

Diese Art der Wahrsagung war viel billiger als die andere, die offizielle, die von Stadtstaaten, Königen und reichen Leuten in Anspruch genommen wurde.

Hierbei durften die Fragen weit schwieriger sein. Entsprechend schwierig zu deuten waren dann auch die Antworten.

In der Anfangszeit war das Orakelheiligtum nur an einem Tag im Jahr, dem Geburtstag Apollons, dem 7. Februar geöffnet.

Später erteilte Apollon – außer in den drei Wintermonaten – am 7. jedes Monats seine Orakelsprüche.

Losorakel gab es allerdings auch an jedem anderen Tag des Monats.

„Wenn du mit ganzer Kraft für die Schule arbeitest, wirst du ein gutes Zeugnis bekommen.“

Lösung zu S. 25

Zunächst ein Beispiel:
Aus der Liste der 9 Möglichkeiten wird die 3 gewählt.

$3 \cdot 2 = 6$
$6 + 5 = 11$
$11 \cdot 50 = 550$
$550 + 1748 = 2298$
$2298 - 1984 = 314$
Die erste Stelle dieser Zahl zeigt die getroffene Wahl.
Die letzten beiden Stellen nennen das Alter.

Auflösung für das Doppeldelphinchen:
1. Schritt: $2 \cdot x$
2. Schritt: $2 \cdot x + 5$
3. Schritt: $(2 \cdot x + 5) \cdot 50 = 100 \cdot x + 250$
4. Schritt: $100 \cdot x + 250 + 1748 = 100 \cdot x + 1998$ (hier ergibt sich 1 Jahr vor dem aktuellen Jahr, wenn der Geburtstag in diesem Jahr noch nicht war.)
5. Schritt: $100 \cdot x + 1998$ – Geburtsjahr (1998 – Geburtsjahr = Alter)

Interpretation: x ist deshalb um den Faktor 100 vergrößert, da sich als Lösung eine dreistellige Zahl ergibt.
x ist dabei die Hunderterziffer.

Das erklärt auch, dass in den auf 1999 folgenden Jahren die Zahlen 1748 (1749) jeweils um 1 vergrößert werden müssen, damit das Orakel auch dann noch korrekt entscheiden kann.

Lösung zu S. 26/27

Die im Buchstabensalat versteckten Begriffe lauten:
Freundschaft, Frieden, Gebete, Gemeinschaft, Goetterkult, Gottesdienst, Opfer, Waffenstillstand, Zeus.

Die ersten olympischen Spiele fanden 776 v. Chr. statt.

Sie fanden in Zeitabständen von 4 Jahren statt.

Die Herkunft der Sieger entnimmt man der Tabelle.

Wegen der weiten An- und Abreise der Sportler und Zuschauer (vergleiche Tabelle) und wegen der Vorbereitungszeit der Sportler auf die Spiele musste der olympische Frieden so lange eingehalten werden.

Lösung zu S. 29

Nur wer zu einem der griechischen Volksstämme gehörte, durfte an den olympischen Spielen teilnehmen.
Verheiratete Frauen durften nicht einmal zuschauen.
Teilnehmen durften überhaupt keine Frauen. Unverheiratete Mädchen durften aber zumindest zuschauen.
Sklaven waren natürlich ebenso ausgeschlossen wie Nichtgriechen.

Zu den Wettkämpfen trat man nackt an.

Die Trainingszeit dauerte 10 Monate.

Der olympische Eid wurde vor Horkios, dem Schwurgott Zeus, am Rathaus abgelegt.
Er besagte, sich keinen Verstoß gegen die olympischen Wettkampfregeln zuschulden kommen zu lassen. Man musste auch schwören, sich unter Entbehrungen sorgfältig vorbereitet zu haben, griechischer Abstammung zu sein und sich der Reinigungszeremonie unterworfen zu haben.

Die olympischen Spiele dauerten 5 Tage lang.

Lösung zu S. 30/31

1. Tag: Versammlung in der Altis, olympischer Eid im Rathaus, Wettkämpfe der Herolde und Trompeter, Wettkämpfe der Knaben
2. Tag: Pferde- und Wagenrennen, Fünfkampf
3. Tag: Großes Tieropfer am Zeusaltar, Doppellauf, Langlauf
4. Tag: Schwerathletische Wettkämpfe, Waffenlauf
5. Tag: Siegerehrung im Zeustempel

Lösung zu S. 34

Die Tabelle zeigt die Zuordnung der kleinen griechischen Buchstaben zu den Großen:

α	β	γ	δ	ε	ζ	η	θ	ι	κ	λ	μ
Α	Β	Γ	Δ	Ε	Ζ	Η	Θ	Ι	Κ	Λ	Μ

ν	ξ	ο	π	ρ	σ	τ	υ	φ	χ	ψ	ω
Ν	Ξ	Ο	Π	Ρ	Σ	Τ	Υ	Φ	Χ	Ψ	Ω

Lösung zu S. 36

Die Münze stammt aus Athen.

Lösung zu S. 37

Die Übersetzung der Bilder dieser Seite lauten:
Links oben: Ödipos
Rechts oben: Ares
Mitte rechts: Polyphem
Unten links: Odysseus
Unten rechts: Prometheus

Lösung zu S. 38

Mit dem Vokabelmix lassen sich folgende Wörter bilden:
Mikroskop, Mikrobiologie, Mikrokosmos, Mikrophon (Mikrofon), Telegraphie (Telegrafie), Telephon (Telefon), Telepathie, Teleskop, Telegramm, Biologie, Makrokosmos, Anthropologie, Anthroposophie, Geologie, Geographie (Geografie), Geometrie, Philologie, Philosophie, Philodendron, Rhododendron, Psychologie, Psychogramm, Photographie (Fotografie), Symmetrie, Sympathie, Synthese, Symphonie (Sinfonie), Astrologie, Astronaut, Toxikologie, Paradox, Aristokratie, Archäologie, Stethoskop, Theokratie, Theologie, Demokratie, Demoskop, Autogramm, Autodidakt

Lösung zu S. 39

Bei den schlauen Sprüchen ist folgende Zuordnung richtig:

1-k, 2-f, 3-d, 4-j, 5-l, 6-i, 7-a, 8-m, 9-g, 10-n, 11-b, 12-h, 13-e, 14-c

Lösung zu S. 56

Hier sollte darüber entschieden werden, ob die Teilnehmer an den Versammlungen auf der Pnyx für ihre Leistungen, die sie ja für die Polis Athen erbrachten, so entschädigt werden sollten, dass ihnen kein Verdienstausfall drohte. Man muss bedenken, dass es sich kleine Handwerker kaum leisten konnten, der Arbeit für einen ganzen Tag – und das sicherlich mehrmals im Monat – fern zu bleiben.

An der Volksversammlung durften alle freien Bürger der Polis Athen teilnehmen.
Frauen und Sklaven waren „natürlich" ausgeschlossen.

Bürger, die sich vor ihrem „Dienst", den sie eigentlich der Gemeinschaft der Polis schuldig waren, „drückten", wurden oft durch Wachen aufgegriffen und mit Peitschenhieben zur Pnyx getrieben. Vorher tauchte man die Peitschen in rote Farbe.
Jeder sollte an der verschmierten Kleidung diese „Drückeberger" erkennen.

Tachites macht auf dem Bema von seinem Rederecht Gebrauch.

Die Wasseruhr diente dazu, die Redezeit der Redner zu begrenzen.

Offen wurde abgestimmt, indem man die Hand für eine Entscheidung hob.
Bei geheimer Abstimmung warf man schwarze oder weiße Kiesel in eine Urne.
Schwarz warf man, wenn man gegen, weiß, wenn man für die Entscheidung war.

Lösung zu S. 60

Hier siehst du die vollständige Vase.

Mit dieser Hilfe gelingt es dir sicher, die zerbrochene Vase zusammenzufügen.

Lösung zu S. 66–68

Wenn du die Dominosteinchen in die richtige Reihenfolge bringst, so ergibt sich folgender Text:

An der Spitze des Heeres standen 10 Strategen (strategoi).
Sie gaben Befehle und dachten sich Kriegsstrategien aus.
Die Kerntruppe bestand aus schwer bewaffneten Fußsoldaten.
Die Fußsoldaten wurden Hopliten genannt (Hoplon = Schild).
Die Hopliten trugen eine Rüstung.
Zur Rüstung eines Hopliten gehörten: Helm, Brustpanzer, Beinschienen, Rundschild.
Der Helm war oft mit einem Helmbusch aus Pferdehaaren geschmückt.
Der Träger des Helmes sollte so noch größer und Furcht erregender aussehen.
Der Brustpanzer aus Bronze bestand aus zwei Teilen, die mit Lederriemen zusammengehalten wurden.
So blieben die Seiten ungeschützt. Hier war der Soldat leicht zu verwunden.

Der Hoplit trug gefährliche Waffen.
Zur Bewaffnung eines Hopliten gehörten Schwert und Lanze.
Die Hopliten kämpften in einer Phalanx: Schulter an Schulter mit erhobenen Schilden.
In geschlossenen Schlachtreihen marschierten sie, ein Kampflied singend, auf den Gegner zu.
Auf Befehl stießen sie dann mit dem Speer zu.
Starb ein Soldat in der vorderen Reihe der Phalanx, rückte sofort der Hintere nach.
Rüstung und Waffen mussten die Krieger selbst bezahlen.
Es gab aber auch Soldaten, die sich keine Rüstung und keine teuren Waffen leisten konnten.
Diese Soldaten wurden „Leichtbewaffnete" genannt.
Zu den „Leichtbewaffneten" ohne Rüstung gehörten Bogenschützen und Speerwerfer.
Sie bedienten auch die Kriegsmaschinen.
Kriegsmaschinen wurden zur Verteidigung und Eroberung von Städten benutzt.
Es gab Belagerungstürme, die höher als die Stadtmauern waren.
Von den Belagerungstürmen aus konnten Bogenschützen und Speerwerfer die Stadt beschießen.
Archimedes war der Erfinder der Katapulte.
Mit Katapulten konnte man Steine, Pfeile oder Brandfackeln abschießen.
Athen verfügte aber auch über eine große Kriegsflotte.
Zur Athener Flotte gehörten bis zu 300 Kriegsschiffe.
Das schnellste griechische Kriegsschiff hieß Triere.
Es heißt Tri(3)ere, weil es auf jeder Seite 3 Reihen von Ruderern hatte.
Insgesamt waren es 170 Ruderer.
Diese Ruderer waren freie Männer, die das Rudern als ehrenwerten Kriegsdienst ansahen.
Eine Triere hatte aber auch ein Segel.
Das Segel bestand aus Leinen. Im Kampf wurde es eingeholt.
Eine Triere sollte wie ein bedrohliches Seeungeheuer aussehen.
Den Schwanz des Seeungeheuers bildete eine fächerförmige Verzierung am Heck.
Am Bug war auf jeder Seite ein Auge aufgemalt.
Das magische Auge sollte den Weg „beobachten" und böse Geister abwehren.
Auf jeder Seite des Hecks befand sich ein Steuerruder.
Mit dem Steuerruder lenkte man die Triere in die gewünschte Richtung.
Vorne hatte ein Kriegsschiff einen Rammsporn aus Bronze.
Mit dem Rammsporn wurden die gegnerischen Schiffe aufgeschlitzt.
Die Athener gewannen mithilfe der Trieren wichtige Seeschlachten.
In der Seeschlacht bei Salamis vernichteten 200 Trieren die überlegene Perserflotte.
Die kleinen, wendigen Trieren waren den großen, plumpen Schiffen der Perser weit überlegen.
Ohne ihre Kriegsflotte hätten die Athener das übermächtige Perserheer nicht besiegt.

Lösung zu S. 80

Entfernung bei antiken Liebespaaren:
Wenn sie sich in C treffen, sind sie gleich weit von B entfernt.

Griechischer Dreisatz:
a) Nicht eindeutig entscheidbar.
Hier darf diskutiert werden.
b) + c) Natürlich die gleiche Zeit.

Zeitprobleme beim Marathonlauf:
Legt der Läufer die ersten 20 km mit einer Geschwindigkeit von 5 km/h zurück, dann ist er bereits 4 Std. unterwegs. Es geht also nicht mehr, den gesamten Weg innerhalb der 4 Std. zurückzulegen

Lösung zu S. 81

Formel zur Umrechnung des griechischen Kalenders in den heutigen Kalender, Zeit: v. Chr.

Die griechische Kalenderzahl besteht aus einem geordneten Zahlenpaar (z. B. 6.4), das wir mit O.J bezeichnen wollen (Olympiade, zugehöriges Jahr). Die Jahreszahl unseres heutigen Kalenders bezeichnen wir mit N.
$N = 776 - (O - 1) \cdot 4 - (J - 1)$
$N = 776 - (4 \cdot O - 4) - J + 1$
$N = 776 - 4 \cdot O + 4 - J + 1$
$N = 781 - 4 \cdot O - J$

Bsp. 6.4 ➔ N
$N = 781 - 4 \cdot 6 - 4 = 781 - 24 - 4 = 781 - 28 = 753$

Formel zur Umrechnung des heutigen Kalenders in den griechischen Kalender, Zeit: v. Chr.

$O.J = (781 - N) : 4$
Führe die Division mit Rest aus.
Dabei bedeutet z. B. mit N = 753:

6 Rest 1	6.1
6 Rest 2	6.2
6 Rest 3	6.3
7 Rest 0 (6 Rest 4)	6.4

Formel zur Umrechnung des griechischen Kalenders in den heutigen Kalender, Zeit: v. Chr.

Benutze die Formel zur Berechnung der Zeit v. Chr.. Du erhältst ein negatives Ergebnis. Interpretiere die negative Zahl als Jahr n. Chr. (Bsp.: –27 ist 27 n. Chr.).

Formel zur Umrechnung des heutigen Kalenders in den griechischen Kalender, Zeit: n. Chr.

Benutze die Formel zur Berechnung der Zeit v. Chr..

Gib die heutige Jahreszahl (n. Chr.) als negative Zahl ein.
Alternativ benutze die Formel: O.J = (781 + N) : 4
Bsp. O.J = (781 + 1998) : 4 = 694 Rest 3 = 694.3.

Teillösung zu S. 82

In die erste Zeile muss zu Beginn der Begriff **CHI** gelegt werden.
In die zweite Zeile legt man den Begriff **ENG**.
Die dritte Zeile legt man mit **RE** aus (das rechte untere Feld bleibt frei).
Das Volk, nach dem gesucht wird, sind natürlich die **GRIECHEN**.
Das Verschieben musst du schon selbst herausbekommen. „Übung macht den Meister!"

Vorwort

Die Reihe

Lernerlebnis Geschichte

beschäftigt sich mit der Geschichte der Menschheit von den Anfängen bis zum Zeitalter der Erfindungen und Entdeckungen.
Damit deckt die Reihe, bestehend aus sechs Themenheften (*Ur- und Frühgeschichte, Ägypten – Hochkultur am Nil, Griechische Antike, Römische Antike, Mittelalter, Zeitalter der Erfindungen und Entdeckungen*), die Inhalte des Geschichtsunterrichts bis ungefähr zur Jahrgangsstufe 8 in der Sekundarstufe I ab.

Lernerlebnis Geschichte

versteht sich als Ergänzung zum jeweiligen an den Schulen benutzten Geschichtslehrbuch. Von der Konzeption her ist die Reihe damit lehrwerkunabhängig einsetzbar.

Lernerlebnis Geschichte

ersetzt keine Geschichtsbücher, weil es ganz bewusst die traditionellen Inhalte nicht einfach wiederholt. In dieser Reihe geht es vielmehr darum, dass die Schülerinnen und Schüler sich mit den angebotenen Unterrichtsinhalten identifizieren, sich in die jeweilige Epoche hineinversetzen können, das Spannende und Aufregende einer jeden Phase der Geschichte spüren und möglichst hautnah erleben.

Lernerlebnis Geschichte

präsentiert somit geschichtliche Themen in einer Form, die eine unmittelbare unterrichtliche Umsetzung ohne aufwändige Vorbereitung erlaubt.
Die hier angebotenen Kopiervorlagen unterstützen die modernen Formen des Unterrichts, die von Lehrplänen und Richtlinien vorgesehen sind.
Die Einsatzmöglichkeiten des Materials sind dabei weit gespannt: Sie reichen vom eher spielerischen Umgang über Freiarbeit, offenen Unterricht, Projektarbeiten und Handlungsorientierung bis hin zur variablen, lehrwerksbegleitenden Verwendung in der Sekundarstufe I.

Das Themenheft

Lernerlebnis Griechische Antike

enthält Arbeitsmaterialien, die Schülerinnen und Schüler weitgehend selbstständig bearbeiten können. Es wird aber auch Vorwissen vorausgesetzt, das im Geschichtsunterricht erworben wurde.
Viele der Texte, Bilder und Aufgaben und Spiele können direkt im Lernerlebnis bearbeitet werden. Manchmal benötigt man noch zusätzliche Materialien, die sich aber bestimmt in der Schulausrüstung der Schülerinnen und Schüler befinden.
Auch wenn das Themenheft nur auszugsweise bearbeitet wird, z. B. beim Einsatz ausgewählter Kopiervorlagen im Unterricht, empfiehlt sich das Anlegen einer „Griechenland-Mappe“ (ein DIN-A4-Ordner oder Schnellhefter), in der alles gesammelt wird, was nicht direkt in das Themenheft eingetragen werden kann oder soll.
Nicht immer arbeiten Schülerinnen und Schüler allein. Manche Aufgaben und Spiele erfordern die Hilfe von Mitschülerinnen oder Mitschülern. Vermutlich wird Neues ohnehin viel lieber in der Gruppe als allein entdeckt!

Durch das Inhaltsverzeichnis schlagen wir eine mögliche Reihenfolge der Bearbeitung vor. Eine andere Folge der Bearbeitung ist aber auch möglich, sodass auch einmal etwas übersprungen werden kann. So wird auch eine Beschäftigung mit den Themen möglich, die Schülerinnen und Schüler am meisten interessieren. Immer findet man leicht heraus, ob das Vorwissen reicht, damit Freude und Erfolg beim Lernen erhalten bleiben.

Auf nahezu jeder Seite in diesem LERNERLEBNIS findet man die unten abgebildeten Lernbegleiter. Wenn Schülerinnen und Schüler ihnen begegnen, wissen sie schon genau, was sie erwartet.

Hier stellen sie sich für die Schülerinnen und Schüler vor:

„Ich bin das Lieblingstier der Göttin Athene und gelte als Sinnbild der Klugheit. Da ich als Nachttier in der Dunkelheit sehen kann, haben sich die Griechen vorgestellt, dass ich auch das Dunkel der Unwissenheit durchdringen könne.
Ich sorge also für ‚helle Köpfe', indem ich euch mit Wissen ausstatte."

„Auch ich, euer Delphinchen, gelte genau wie die Eule als intelligent. Ich bin ein sehr freundliches Wesen und war den Griechen heilig. Dass die Griechen mich sehr gerne hatten, erkennt ihr auch daran, dass sie mein Bild sogar auf Münzen abgebildet haben. Immer, wenn ihr mich entdeckt, dürft ihr mich bunt ausmalen. Ich bin immer dazu da, euch eine Aufgabe zu stellen, die das Grundwissen abfragt."

„Wir Delphinchen treten meist in Rudeln auf, weil wir nicht gerne allein sind. Dann allerdings überlegen wir uns gemeinsam noch Zusatzaufgaben für die besonders Fleißigen unter euch."

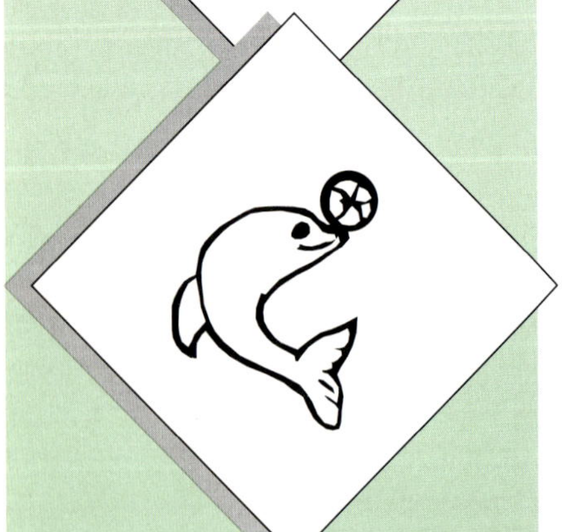

„Delphinchen sind aber auch Meister im Spielen. Immer, wenn ihr mich mit meinem Lieblingsball seht, stelle ich euch eine spielerische Aufgabe. Manchmal wartet auch ein komplettes Spiel auf euch."

„Wir wünschen viel Freude mit dem
LERNERLEBNIS GRIECHISCHE ANTIKE!!!"

Inhaltsverzeichnis

7 Erste Begegnung mit dem antiken Griechenland

10 Das geistige Band – der Zusammenhalt aller griechischen Volksstämme

Erste Begegnung mit dem antiken Griechenland

1. Griechenland gestern und heute – Spurensuche

Ihr kennt Griechenland aus dem Fernsehen, aus Zeitungen, vielleicht sogar aus einem Urlaub, den ihr dort verbracht habt.
Sicherlich kennt ihr auch griechische Lokale, griechisches Essen, griechische Musik.
Vielleicht sind an eurer Schule auch griechische Mitschülerinnen und Mitschüler, die ihr kennt oder sogar zu euren Freunden zählt.
All dieses sind Kontakte mit dem modernen Griechenland.

Solltet ihr jedoch auch schon einmal mit dem antiken Griechenland in Berührung gekommen sein???

Das ist nicht nur möglich, sondern sehr wahrscheinlich.
Begegnungen könnten sich im Geschichtsunterricht oder durch Museumsbesuche ergeben haben. Vielleicht habt ihr auch in Büchern etwas über das Leben im antiken Griechenland erfahren oder die Reste alter Tempel schon mit eigenen Augen gesehen und bewundert.

Eigentlich weiß jeder schon eine ganze Menge über Griechenland.

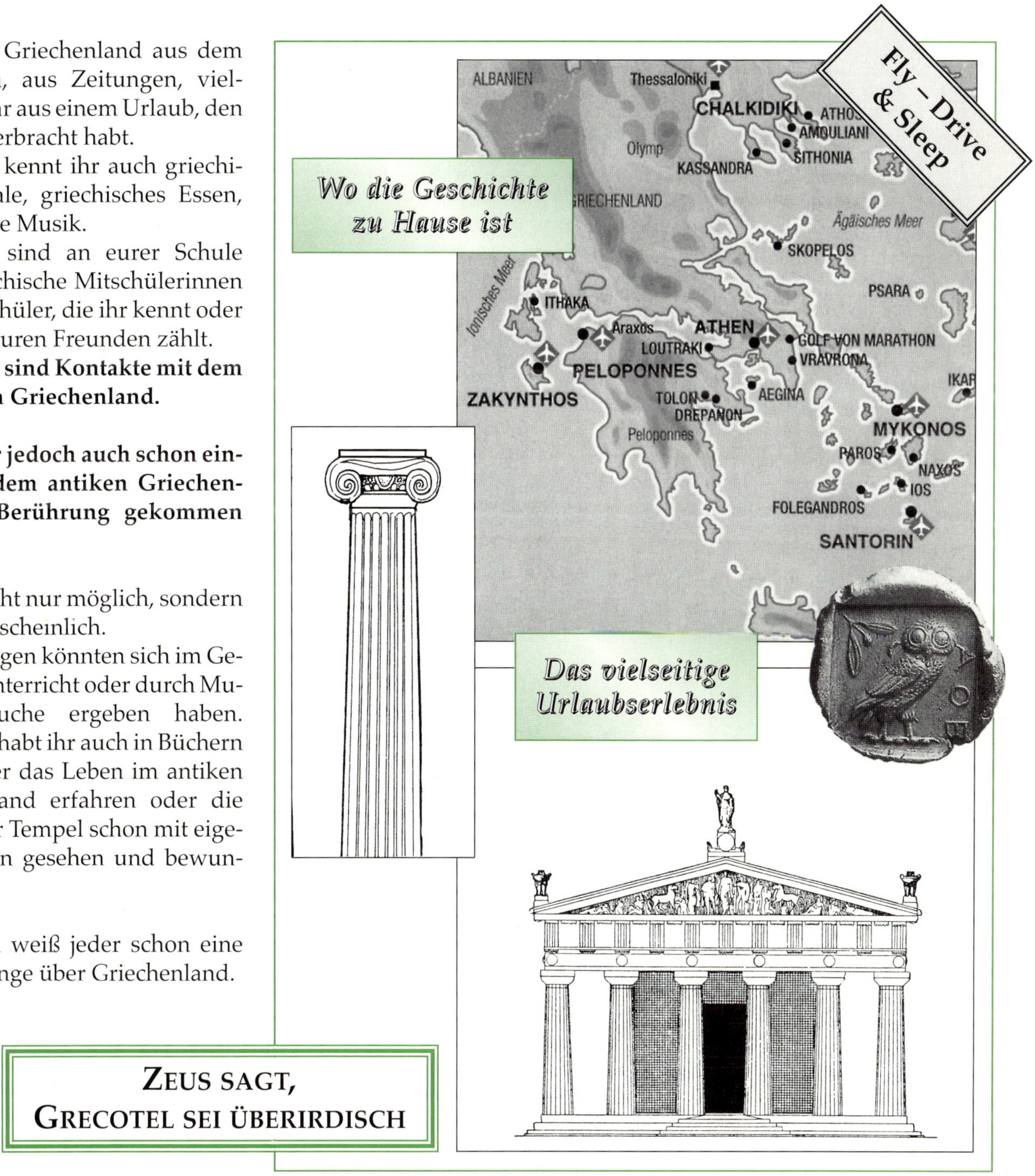

Wenn ihr mit dem Lernerlebnis **Griechische Antike** arbeitet, wird sich dieses Wissen schnell vergrößern.

Stellt für euer Klassenzimmer eine Wandzeitung zum Thema „Griechenland" her.
Sammelt zunächst einmal jede Menge Informationsmaterial.
Ihr braucht eure Welt nur mit offenen Augen zu betrachten um ‚antike Spuren' zu entdecken.

Schneidet aus Zeitschriften, Zeitungen, Werbeanzeigen und Reiseprospekten Bilder und Texte über Griechenland aus.
Wenn es an eurem Wohnort kein Museum mit griechischer Kunst gibt, so findet ihr doch bestimmt ein griechisches Lokal mit Nachbildungen griechischer Gefäße oder Statuen. Fragt, ob ihr Zeichnungen anfertigen oder Fotos machen dürft.
Was ist „typisch griechisch" (Essen, Kleidung, Musik, Tänze ...)?
Stellt Fragen an eure griechischen Mitschülerinnen und Mitschüler. Bittet sie darum, Bilder aus ihrer Heimat, Schulbücher, Rezepte ... mitzubringen.

Das Weltbild

„Mit sichtbaren Zeichen", erinnert Perikles die Athener, „üben wir wahrlich keine unbezeugte Macht, den Heutigen und den Künftigen zur Bewunderung, und brauchen keinen Homeros mehr als Sänger unseres Lobes noch wer sonst mit schönen Worten für den Augenblick entzückt – in der Wirklichkeit hält dann aber der Schein nicht der Wahrheit stand."

Aufdruck auf einer Serviette
in einem griechischen Restaurant in Bochum

Ordnet euer Bild- und Textmaterial nach Themenschwerpunkten und stellt es zu einer übersichtlichen Wandzeitung für euer Klassenzimmer zusammen.

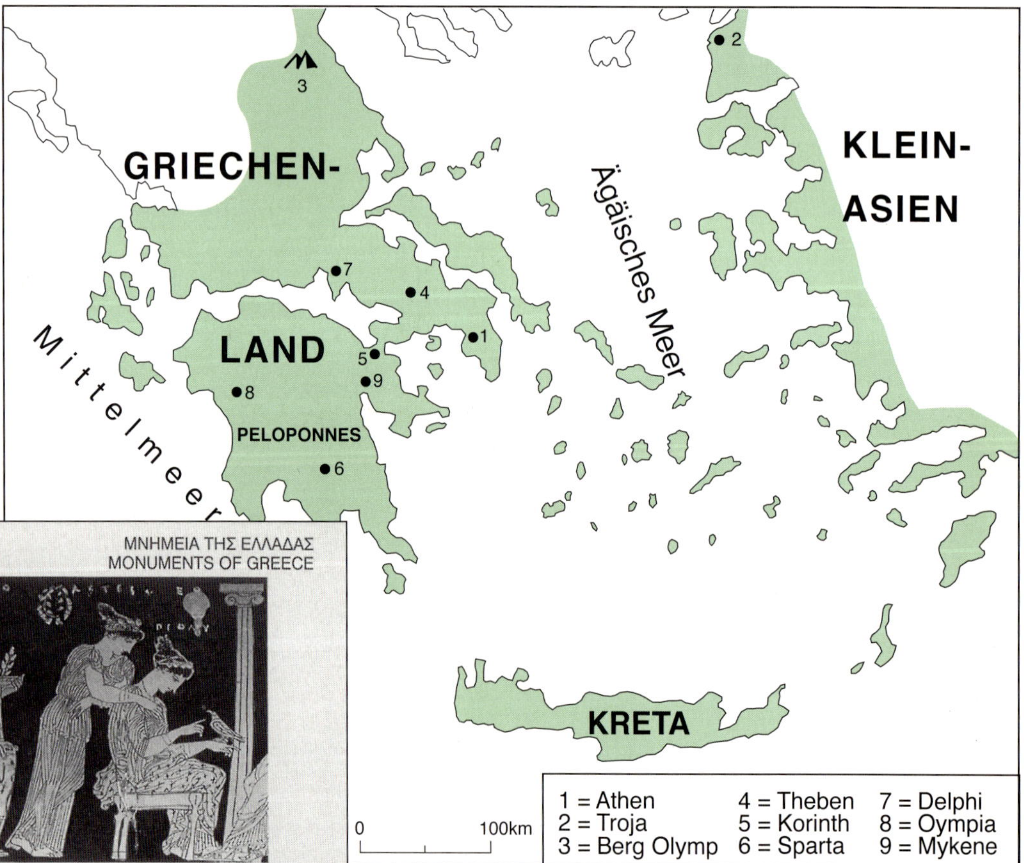

2. Ein Griechenland – viele Stadtstaaten

Das alte Griechenland entsprach zwar um 1000 v. Chr. ungefähr dem Gebiet des heutigen Griechenlands, bestand aber aus vielen kleinen und größeren Stadtstaaten.

Zu jedem Stadtstaat, den die Griechen Polis nannten, gehörte die Akropolis (Oberstadt), die Siedlung um die Burg- und Tempelanlage herum und das Umfeld mit Ackerflächen und Weideland. Die Ansiedlung entwickelte sich allmählich zu einer Stadt, die mit ihrem Marktplatz, der Agora, zum Mittelpunkt des kleinen unabhängigen und selbstständigen Staates wurde.

Athen mit dem Umland Attika und Sparta in Lakonien waren die berühmtesten Stadtstaaten.

1 Suche Athen und Sparta mit dem dazu gehörenden Umland in deinem Atlas und trage diese Orte bzw. Landschaften in deine Griechenland-Karte (s. S. 83) ein. Du wirst noch weitere wichtige Orte in Griechenland kennen lernen. Trage auch sie in diese Karte ein.

2 Informiere dich über die besonderen geografischen Gegebenheiten Griechenlands. Gestalte die Karte farbig und zeichne beispielsweise Gebirgszüge und Flüsse ein. Erkennst du Zusammenhänge zwischen den Besonderheiten der griechischen Landschaft und dem Zusammenleben in abgeschlossenen Stadtstaaten?
Diskutiert diese Frage untereinander; zieht auch Vergleiche zu Ägypten.

Trage die Begriffe waagerecht in das Raster ein.
In den fett umrandeten Feldern ergibt sich senkrecht als Lösungswort ein von „Polis" abgeleiteter Begriff.

1 – Einer der beiden im Text genannten Stadtstaaten
2 – Auch heute noch Treffpunkt im Zentrum vieler Städte
3 – Das Umland von Sparta
4 – Das Umland von Athen
5 – Die heutige Hauptstadt Griechenlands
6 – Sie lebten in Stadtstaaten
7 – Die Oberstadt

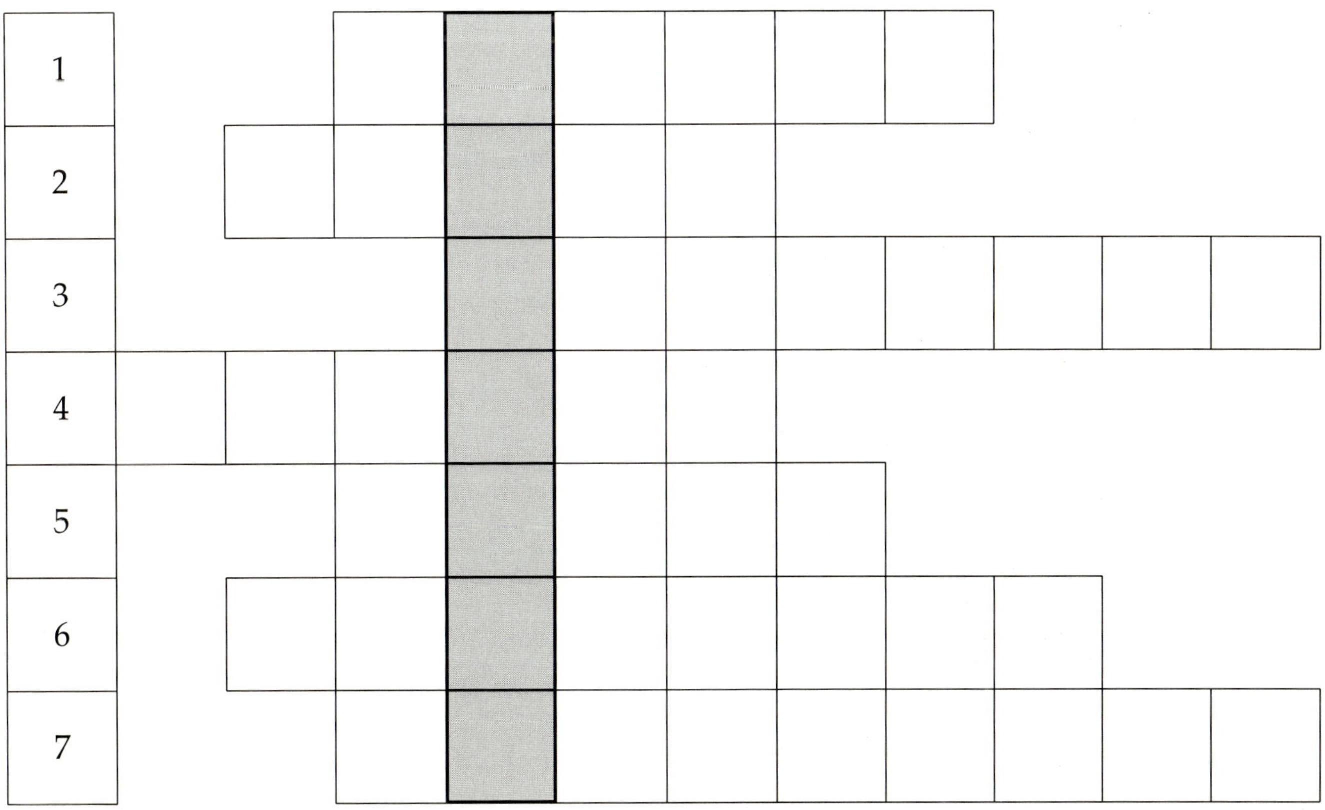

Das geistige Band – der Zusammenhalt aller griechischen Volksstämme

1. Dies war allen Griechen gemeinsam – ein kleiner Überblick

A; CH**E**; DU**N**G; GE**N**; GÖT; K**E**L; KLEI; KRO; LE; **L**IS; LYM; O; O; PE**L**; PISC**H**E; PO; RA; SA; SPIE; SPRA; TEM; T**E**R

Bilder und Silben sollen dir helfen die Gemeinsamkeiten zu finden. Schreibe sie in der richtigen Reihenfolge untereinander. Die in den Silben fett gedruckten Buchstaben ergeben anschließend von oben nach unten gelesen das Lösungswort.

1 – Hierbei waren Frauen nicht zugelassen

____

2 – Mittel zur Verständigung

____

3 – In allen Stadtstaaten oben, aber in Athen top

____

4 – Ein den Göttern geweihtes Bauwerk

____

5 – Mal zürnten sie, mal waren sie gnädig

____

6 – Zu olympischen Wettkämpfen trat man ohne sie an

____

7 – Wahnsinn – Weisheit – Wahrsagung

____

8 – Geschichten von Göttern und Helden

____

Lösungswort:

____

Dies war ihr gemeinsamer Name, den sich die Griechen selbst gegeben haben.
Die Bezeichnung „Griechen" stammt aus der Römerzeit.

2. Die griechische Mythologie

❐ „Sagen"-hafte Schnuppertexte

Dennis hat ein altes, zerfleddertes Buch mit griechischen Sagen auf dem Speicher gefunden. Aber leider sind gerade die Sagentexte, die ihn am meisten interessieren, nicht mehr vollständig. Kannst du Dennis helfen, mithilfe des Inhaltsverzeichnisses herauszubekommen, um welche Sagen es sich handelt?

Finde zu den Sagentexten die passenden Überschriften und schreibe sie in die Kästchen oberhalb der Texte. Übernimmst du die hervorgehobenen Buchstaben aus dem Inhaltsverzeichnis und bringst sie in die richtige Reihenfolge, so erhältst du sogar noch ein Lösungswort:

____

Aus dem Inhaltsverzeichnis des zerfledderten Buches:

Prome**t**heus

Das Tr**o**janische Pferd

Odysseus und P**o**lyphem

Orp**h**eus und Eurydike

Od**y**sseus und die Sirenen

Die Heldentaten des H**e**rakles

König Öd**i**pus

Däda**l**us und Ikarus

Die Ar**g**onautensage

Die **M**eeresungeheuer Skylla und Charybdis

[ ]

In einer dunklen Höhle wohnt , die schrecklich bellende. Ja, sie hat eine Stimme wie ein neu geborenes Hündchen, sie selber aber ist ein Ungetüm, ein schlimmes. Sie hat zwölf Füße, alle unförmig, und sechs Hälse, überlange, und auf jedem ein gräuliches Haupt, und darin drei Reihen Zähne, die sie fletscht um ihre Opfer zu zermalmen. Noch nie hat ein Schiff ohne Verlust an ihr vorüberfahren können, immer hat sie mit jedem Maul einen Mann verschlungen. Ihr gegenüber haust die schreckliche , die mit gierigem Rachen das Meer einschlürft und wieder ausspuckt.

[ ]

Wenn du an die Insel der kommst, so verklebe die Ohren deiner Freunde mit Wachs, damit sie nichts hören. Willst du selber ihrem zauberhaften Gesang lauschen, so befiehl, dass man dich, an Händen und Füßen gefesselt, an den Mast binde. Je sehnlicher du flehst, dich zu befreien, desto fester sollen sie dich festbinden ...

Er nahm den langen Stängel des Riesenfenchels, näherte sich mit ihm dem vorüberfahrenden Sonnenwagen und setzte ihn in Brand. So brachte er den Menschen das Feuer.
Zeus war über die eigenmächtige Tat des aufs Höchste erzürnt. Er ließ ihn über einem schauerlichen Abgrund an einem Felsen im Kaukasus mit unauflöslichen Ketten festschmieden. Dann sandte er dem Gefesselten einen Adler, der täglich an seiner Leber fraß, die in der Nacht immer wieder nachwuchs.

war ein berühmter Sänger. Wenn er seine Stimme ertönen ließ, standen nicht nur die Menschen andächtig um ihn herum, nein, auch die Tiere lauschten stumm; selbst die Bäume und die Steine eilten herbei, von seinem zauberhaften Gesang angelockt. Seine Gemahlin, an der er mit inniger Liebe hing, hieß Eurydike.
Sie starb in jugendlichem Alter, von einer Schlange gebissen. Er konnte sich über den schweren Verlust nicht trösten. Schließlich stieg er in die Unterwelt zu den Toten hinab.
Den Eingang des finsteren Reiches bewachte Zerberos, ein dreiköpfiger Hund; er ließ jeden herein, aber niemanden hinaus.
Furchtlos wagte sich in das schreckliche Dunkel. Vor dem Thron des unterirdischen Herrschers Hades angekommen, sang er so rührend sein Lied, dass die Gemahlin des Gottes des Totenreiches in Tränen zerschmolz. Aber auch der strenge Hades vermochte der Macht der Musik nicht zu widerstehen. Was er bisher keinem Sterblichen erlaubt hatte, der Gattin des Sängers gestattete er die Rückkehr in das Leben. Allerdings knüpfte er die Bedingung daran, dürfe sich nicht eher nach ihr umsehen, als bis sie die Oberwelt erreicht hätten.

Sie rissen die Mauern nieder um dem unheilvollen Ross den Weg zu bahnen, einige fügten Räder an die Füße des Geschenkes, andere warfen dem Riesentier Stricke um den Hals. So zogen sie es im Triumphe in ihre Stadt hinein. Sie führten das Ungeheuer auf ihre heilige Burg. Dann feierten sie den Tag mit Festgelagen und ergaben sich sorglos dem Genuss des Weines. Als sie jedoch müde und berauscht in festem Schlaf lagen, öffneten die Griechen die Klappe am Bauch des Riesentieres. Sie stiegen heraus, sprengten die Tore und warfen Feuer in die Häuser.

Und er nahm Vogelfedern, legte sie ebenmäßig zusammen und verband sie mit Wachs.
Dann fertigte noch ein zweites, kleineres Flügelpaar an und passte es seinem Sohn an. Und schon schwebten sie davon. Kreta, die lang gestreckte Insel, wurde klein und kleiner. Da trat ein, was der Vater gefürchtet hatte: Die heißen Sonnenstrahlen erweichten das Wachs, die Flügel lösten sich auf, die Federn flatterten auseinander und der Knabe stürzte in die Tiefe. Verzweifelt streckte er die Arme nach seinem Vater aus.

Schnell steckte ich den Pfahl in die glimmende Asche. Als er schon Funken sprühte und Feuer fangen wollte, zog ich ihn heraus und stieß mit den vier Freunden, die das Los getroffen hatte, dem einäugigen Riesen die Spitze ins Auge. Grauenvoll heulte der Verletzte auf, sodass die Höhle von dem Gebrüll widerhallte und wir, vor Angst bebend, in den äußersten Winkel der Grotte flüchteten. riss sich den Pfahl aus der Stirn, schleuderte ihn weit von sich und tobte wie ein Unsinniger. Die Zyklopen, die ringsum im Gebirge wohnten, rief er unter Zetergeschrei herbei und brüllte aus der Höhle heraus: „Niemand, Niemand hat mich geblendet, ihr Freunde!“

Unter Athenes Leitung wurde aus einer Holzart, die im Meere nicht fault, von dem geschicktesten Baumeister Griechenlands ein herrliches Schiff mit fünfzig Ruderern auf Kiel gelegt und gerüstet und nach seinem Erbauer „Argo“ genannt. Es war das erste lange Fahrzeug, auf dem sich die Griechen in die offene See wagten. Die Göttin Athene hatte noch ein besonderes Geschenk: Sie stattete das Schiff mit einer sprechenden, die Zukunft voraussagenden Schiffsplanke aus.

Der König von Theben war reich; wegen seiner Gerechtigkeit liebte und verehrte ihn das Volk. Trotzdem war er nicht glücklich, denn seine Ehe mit Iokaste war kinderlos. Deswegen fragte er das Orakel des Apollon zu Delphi um Rat. „Du wirst einen Sohn bekommen", lautete der Spruch des Gottes, „aber du wirst von ihm getötet werden und er wird seine Mutter heiraten." Bald darauf wurde ihm wirklich ein Sohn geboren. Damit der Orakelspruch sich nicht erfüllte, übergab der Vater das Kind sofort einem Hirten mit dem Befehl, es im Gebirge auszusetzen. Der konnte es aber nicht über sich bringen, das grausame Gebot auszuführen. Er brachte den Knaben weit, weit weg nach Korinth. Auch der dortige König hatte keine Kinder und so zog er den Knaben wie seinen eigenen Sohn auf und nannte ihn , das heißt Schwellfuß.

Fürchterlich brüllte der Löwe und blickte mit rollenden Augen um sich. Endlich hatte er seinen Feind entdeckt und stürmte auf ihn los. ließ ihn ruhig herankommen. Als er sich jetzt zum letzten Sprung krümmte, kam ihm der Held zuvor und versetzte ihm mit der Keule einen Schlag auf den Kopf, dass er taumelnd zu Boden sank. Doch der Löwe gab sich nicht geschlagen.
konnte ihn erst bezwingen, als er sich über das mächtige Tier warf und ihn nach einem fürchterlichen Ringkampf mit seinen bloßen Armen erwürgte. Selbst der getötete Löwe bot ihm noch Widerstand, denn sein Fell ließ sich nicht abziehen, kein Eisen konnte es durchdringen. Da ergriff die Klauen des toten Löwen und nun konnte er ihm das Fell mit diesen Löwenkrallen, die hart wie Diamant waren, aufreißen und es abziehen.
Den Kopf mit dem drohend geöffneten Rachen setzte er sich wie einen Helm auf, das Fell legte er sich um die Schultern ...

Lest die Sagen im Lesebuch oder in einem Sagenbuch nach und malt Bilder dazu. Setzt euch im Kreis zusammen und erzählt euch gegenseitig eure Lieblingssagen. Die Bilder nicht vergessen! Das wird eine „sagen"haft gute Geschichts-Stunde!

Habt ihr nicht Lust, eines der spannenden Abenteuer des Odysseus nachzuspielen? Ihr könntet den Sagentext auch in ein Hörspiel oder ein Schattenspiel umgestalten. Klar, einfach ist das nicht. Eure Gruppe müsste ein richtiges Drehbuch schreiben, sich um die notwendigen Theater-Requisiten, die Kostüme, die Technik ... kümmern.
Aber Spaß macht es bestimmt!

3. Die griechische Götterwelt

❐ Göttergalerie

Schülerinnen und Schüler der Jahrgangsstufe 6 einer Schule aus Plettenberg haben auf der nächsten Seite Bilder dieser griechischen Götter für euch gemalt:

Zeus	Artemis	Ares	Hera	Demeter
Poseidon	Dionysos	Hephaistos	Aphrodite	Hades
Hermes	Athene	Apollon		

Ordnet den einzelnen Götterbildern die richtigen Namen zu!
Damit euch das besser gelingt, gibt euch die Klasse 6d hier noch ein paar Tipps.

Tragt die Namen in die Kästchen unter den Bildern ein. Die grünen und umrandeten Buchstaben ergeben dann, hintereinander gelesen, als Lösung ein Gegensatzpaar:

____

Hera, die Himmelskönigin, ist die eifersüchtige Frau von Zeus. Sie macht ihm oft den Himmel heiß.

Hades ist der Herrscher in der Unterwelt, die von dem dreiköpfigen Höllenhund bewacht wird.

Aphrodite, die Göttin der Liebe und Schönheit, erkennst du an ihrer leichten Bekleidung.

Demeter, die Göttin des Ackerbaus, hält Getreideähren in ihren Armen.

Hermes, der schnelle Götterbote, trägt einen Helm mit Flügeln.

Hephaistos, der Gott der Schmiedekunst, trägt einen Hammer.

Dionysos ist der Gott des Weines und der Feste. Du erkennst ihn an seinen Weintrauben.

Ares trägt als Gott des Krieges eine Rüstung.

Artemis, die Göttin der Jagd, erkennst du an ihrem Bogen.

Poseidon, den Gott des Meeres, erkennst du an seinem Dreizack.

Athene ist die Göttin der Schlauheit. Sie beschützt Athen und trägt Helm und Lanze.

Apollon, der Gott der Dichter und der Musik, trägt seine Lyra und auf dem Kopf den heiligen Lorbeer.

Zeus, Göttervater und Herrscher des Olymp, straft die Menschen mit Donner und Blitz.

Stellt für euren Klassenraum eine Göttergalerie zusammen:

- Malt die einzelnen Götter mit ihren Symbolen so, wie ihr sie euch vorstellt.
- Verseht jedes Bild mit Namen und mit genaueren Informationen über Zuständigkeitsbereiche und Besonderheiten der einzelnen Götter.

❒ Götter und ihre Symbole

Jede griechische Gottheit hatte ihr eigenes Symbol.
Leider sind auf Seite 17 und 18 Gottheiten und Symbole völlig durcheinander geraten. Deshalb kopiere zunächst den Bogen und schneide ihn dann an den Scheren auseinander. Eine Linie hat keine Schere. Knicke hier, sodass die leere Seite zur Rückseite wird. Hast du die Symbole den Göttern richtig zugeordnet, so kannst du sie als Bilder auf die leeren Rückseiten malen. Klebst du anschließend Vorder- und Rückseite zusammen, so entsteht eine stabile Karte, auf der Gottheit und Symbol zusammenpassen.
Hilfe: Strich auf der Götterkarte und Strich auf der Symbolkarte lassen sich bei einem richtigen Paar deckungsgleich bringen.

Zeus, der Göttervater		**Stab, um den sich Weinreben ranken**
Hera, Göttin der Ehe und Familie		**Eule und Olivenbaum**
Aphrodite, Göttin der Liebe und der Schönheit		**Blitzstrahl**
Apoll, Gott des Lichts, der Künste und der Musik		**Zepter**
Artemis, Göttin der Jagd		**Speer und Helm**
Athene, Göttin der Weisheit und des Krieges		**Pfau**

Demeter, Göttin der Fruchtbarkeit und des Ackerbaus		Dreizack
Dionysos, Gott des Weines, der Feste und des Theaters		Hammer und Amboss
Hephaistos, Gott der Schmiedekunst und des Feuers		Schuhe und Helm mit Flügeln
Ares, Gott des Krieges		Getreideähren
Hades, Herrscher über die Unterwelt		Rosen und Tauben
Hermes, der Götterbote		Lorbeer
Poseidon, Gott des Meeres		Hirsche und Hunde

Ereigniskarten für das Spiel in der Unterwelt (Seiten 20/21)

Das laute Bellen des Höllenhundes lässt nicht nur die Unterwelt erzittern. Du schlotterst vor Angst und musst einmal aussetzen.	Du hast aus dem Fluss Lethe, dem Strom des Vergessens, getrunken. Jetzt hast du sogar vergessen, wer du bist. Jeder Mitspieler muss dir etwas über dich erzählen.
Du hast in das eiskalte Wasser des Styx gefasst. 5 Kniebeugen, damit du wieder warm wirst!	Im Elysium wohnen nur die Seelen der Menschen, die die Götter erfreut haben. Hier herrscht ewiger Frühling. Beschreibe den Frühling in drei Sätzen!
Du bist in der Unterwelt durch dein lautes Schreien unangenehm aufgefallen. 3 Felder zurück!	Herakles sollte den dreiköpfigen Höllenhund Zerberos aus der Unterwelt entführen. Dank seiner Stärke hat er es geschafft. Bist du genauso stark und gewinnst beim Armdrücken mit deinem links sitzenden Mitspieler, darfst du 4 Felder vor, sonst 2 zurück!
Die Toten in der Unterwelt trinken das Wasser des Flusses Lethe um allen Ärger, den sie im Leben hatten, zu vergessen. Damit du deinen Stress vergisst, darfst du dreimal würfeln. Zähle alle Augen zusammen und rücke dann vor!	Sisyphos haben die Götter dazu verurteilt, einen Marmorblock, der nie oben bleibt, immer wieder einen Berg hinaufzurollen. Noch heute spricht man von Sisyphos-Arbeit. Kannst du diesen Begriff an einem Beispiel erklären, darfst du 4 Felder vor, sonst 2 zurück.
Zerberos verfolgt dich. Laufe dreimal um den Tisch herum!	Tantalos hat versucht die Götter zu belügen und zu betrügen. Zur Strafe muss er ewige Höllenqualen erdulden. Noch heute spricht man von Tantalos-Qualen. Wenn du erklären kannst, was damit gemeint ist, 4 Felder vor, sonst 2 zurück!
Charon bringt die Seelen nur gegen Bezahlung über den Styx ins Totenreich. Daher steckten die Griechen den Verstorbenen eine Münze in den Mund. Lebende mussten dem Fährmann einen goldenen Zweig zeigen. Hast du nichts Goldfarbenes bei dir, musst du einmal aussetzen.	Du weißt, wie man sich in der Unterwelt zu benehmen hat. Du darfst 3 Felder vorrücken!
Zeige, dass du nicht nur so stark bist wie Herakles, sondern auch so schlau wie Odysseus! Mache 5 Liegestütze und löse dann eine Kopfrechenaufgabe, die die anderen dir stellen.	Orpheus konnte so wunderbar singen, dass er selbst die Tiere des Waldes, die Bäume, ja sogar die Felsen in Entzücken versetzte. Wenn du weißt, warum er als Lebender ins Totenreich kam, darfst du 5 Felder vorrücken.

❒ Reise in die Unterwelt – ein Höllenspiel

Gespielt wird dieses Spiel als Würfelspiel mit Spielpuppen für jeden der bis zu 6 Spieler. Eigene Regeln können jederzeit erfunden, eigene Ereigniskarten (E) hinzugefügt werden.

Du stehst am Rande des Okeanos. Um in den Hades hinabzusteigen, musst du eine ungerade Zahl würfeln.

START UND ZIEL

Hier erleidet Tantalos 1000 Qualen. Bis zum Kinn steht er im Wasser, doch will er trinken, weicht es zurück. Du aber darfst essen und trinken und 3 Felder vor.

Jetzt geht´s ab in den Tartaros, wo die schmoren, die die Götter verärgert haben. Auch du warst nicht immer brav. Deine Mitspieler entscheiden, ob du ein- oder zweimal aussetzt.

E

E

Hier triffst du Sisyphos. Er muss zur Strafe einen schweren Stein einen Berg hinaufwälzen, der immer wieder in die Tiefe rollt. Du hilfst, wirst aber 4 Felder zurückgeworfen.

Hier erwartet dich Herakles. Kannst du eins seiner Abenteuer erzählen, 4 Felder vor, sonst 3 Felder zurück.

EREIGNISKARTEN

Zerberos, der Höllenhund, hält hier Wache. Mach es wie Orpheus, besänftige ihn durch ein kleines Lied.

Jetzt kommst du an das schwarze Wasser des Flusses Styx. Gelangst du mit einer geraden Augenzahl auf dieses Feld, so male jedem Mitspieler einen schwarzen Punkt auf die Nase. Bei ungerader Augenzahl bekommst du von jedem Mitspieler einen schwarzen Punkt.

Der Fährmann Charon erscheint. Er setzt dich über den Fluss, wenn du jedem Mitspieler einen (kleinen !) Wunsch erfüllst.

Jetzt bist du im Elysium. Hier ist es so schön, dass du gar nicht mehr weg willst. Zweimal aussetzen.

Du hast aus dem „Strom des Vergessens“ getrunken und erinnerst dich nicht mal mehr an die zuletzt gewürfelte Augenzahl. Also noch mal würfeln

4. Die Orakelstätten

❒ Das Orakel von Delphi

„Anfangs hatten nur die in der Nähe Wohnenden am Orakel Anteil, nachher kamen aber auch viele aus fernen Ländern und befragten das Orakel, schickten Geschenke und bauten Schatzhäuser ...“ (Strabon)

Wer würde nicht gerne etwas über die Zukunft erfahren? Die alten Griechen befragten keine Kristallkugeln oder den Kaffeesatz. Sie befragten das Orakel von Delphi.
Im Heiligtum von Delphi sprach der Gott Apollon durch seine Priesterin, die Pythia genannt wurde, zu ihnen. Wer das Orakel befragen wollte, musste Opfer darbringen. Stadtstaaten, Könige und auch reiche Privatleute, die das Orakel befragten, brachten kostbare Weihgeschenke mit und bauten Schatzhäuser für die mitgebrachten Kostbarkeiten.

Hier siehst du die Orakelstätte von Delphi:

Erkennst du den Apollon-Tempel, die vielen Schatzhäuser und das Theater, in dem zu Ehren Apolls Wettspiele für Musik und Wettbwerbe im Dichten stattfanden?
Beschrifte die Zeichnung!

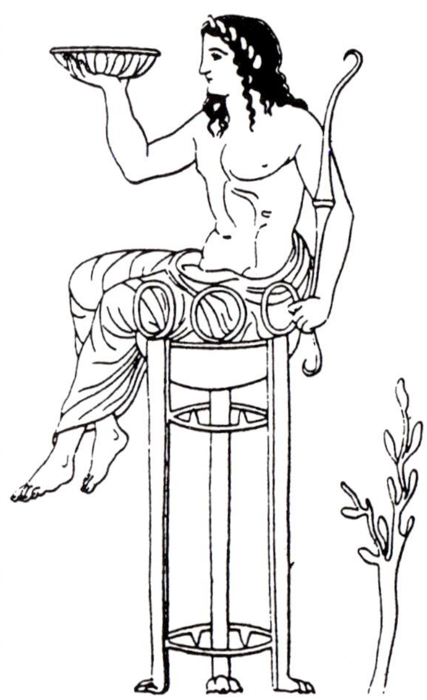

Dana möchte noch viel mehr über das Orakel von Delphi wissen. Sie löchert ihren Lehrer mit tausend Fragen. Hier eine Auswahl:

1. Wieso wurde die Wahrsagerin eigentlich immer Pythia genannt?
2. Warum hat die Pythia denn eigentlich auf Lorbeerblättern rumgekaut?
3. Delphi – Delphin. Aber was hat Delphi denn mit einem Delphin zu tun?
4. Hätte ich das Orakel auch befragen können?
5. Hatte das Orakel jeden Tag geöffnet?
6. „Werde ich in diesem Schuljahr ein gutes Zeugnis bekommen?“
   Was hätte mir die Pythia wohl darauf geantwortet?

Die Antworten findest du auf der nächsten Seite.

Antworten zu Danas Fragen zum Orakel von Delphi

Leider sind die Antworten hier etwas durcheinander geraten.
Welche Antwort gehört zu welcher Frage? Das musst du schon selbst herausfinden.
Beachte, dass zu einer Frage mehrere Textabschnitte gehören können.

Tipp: Übernimm für die Ordnung der Antworttexte die Nummerierung der Fragen (z.B. 1.1, 1.2, 2.1 ...).

Apollon brauchte noch Priester für sein neu gegründetes Heiligtum.
Als er eines Tages aufs Meer hinausblickte, sah er in der Ferne ein Schiff, das sich verirrt hatte.

Apollon tötete das Ungeheuer mit seinem goldenen Pfeil und nahm das Heiligtum in seinen Besitz. Seitdem wurde Apollons orakelnde Priesterin Pythia genannt, in Erinnerung an die getötete Schlange.

In der Anfangszeit war das Orakelheiligtum nur an einem Tag im Jahr, dem Geburtstag Apollons, dem 7. Februar, geöffnet.

Die Pythia bereitete sich durch heilige Reinigungszeremonien, durch das Trinken des heiligen Quellwassers und das Kauen von Lorbeerblättern auf die heilige Handlung des Wahrsagens vor. Nachdem die Priester die Pythia feierlich ins Allerheiligste des Apollon-Tempels geleitet hatten, bestieg sie den lorbeergeschmückten heiligen Dreifuß, der über einer Erdspalte gestanden haben soll.

Apollon verwandelte sich in einen Delphin und lenkte das Schiff zu seinem neuen Heiligtum. Den Seefahrern befahl er, ihm als Priester zu dienen. So nannten die ersten Apollon-Priester diesen Ort Delphi, weil Apollon sie in Delphingestalt hierher geführt hatte.

Durch das Einatmen berauschender Dämpfe, die aus dieser Erdspalte hervorstiegen, verfiel sie in eine Art Trancezustand und unter krampfartigen Zuckungen gab sie Schreie und zusammenhanglose Worte von sich. Diese gestammelten Worte waren die Antwort des Gottes Apollon, die von den Priestern gedeutet und den Rat Suchenden in Form eines Orakelspruches mitgeteilt wurden.

„Wenn du mit ganzer Kraft für die Schule arbeitest, wirst du ein gutes Zeugnis bekommen."

An dem Ort, an dem später die Orakelstätte entstand, gab es – wenn man der Sage glauben will – eine heilige Quelle, die von der Drachenschlange Pytho bewacht wurde.

Sie war ein schreckliches Ungeheuer, das jeden, der sich der Quelle näherte, verschlang.

Diese Art der Wahrsagung war viel billiger als die andere, die offizielle, die von Stadtstaaten, Königen und reichen Leuten in Anspruch genommen wurde.
Hierbei durften die Fragen weit schwieriger sein. Entsprechend schwierig zu deuten waren dann auch die Antworten.

Später erteilte Apollon – außer in den drei Wintermonaten – am 7. jedes Monats seine Orakelsprüche. Losorakel gab es allerdings auch an jedem anderen Tag des Monats.

Das Orakel konnte jeder befragen. Es war alles nur eine Frage des Geldes.
Die meisten Leute begnügten sich mit dem Losorakel. Hierbei durfte man nur ganz einfache Fragen stellen. Die Pythia zog dann vor aller Augen eines der beiden Lose, also entweder das göttliche „Ja" oder das göttliche „Nein". So hatte Apollon durch das Los gesprochen.

❐ Antike Orakelsprüche

„Apollon, dem das Orakel in Delphi eigen ist, spricht nichts aus und verbirgt nichts, sondern er macht nur Andeutungen“
(Heraklit)

Hier ein Beispiel:

Als die Griechen von dem übermächtigen Heer der Perser bedroht wurden, fragten Abgesandte aus Athen, ausgestattet mit dem Ölzweig als Zeichen höchster Not, das Orakel von Delphi um Rat. Pythia antwortete, nur „hölzerne Mauern“ könnten sie retten.
Aber was sind „hölzerne Mauern“?
Versuche diesen Orakelspruch zu deuten.

____

____

____

____

____

____

____

So haben die Athener ihn gedeutet:

Sie verließen ihre Stadt, brachten ihre Flotte in Position und bekämpften die Perser von ihren Schiffen aus.

So schlugen sie ihre Feinde hinter „hölzernen Mauern“ in der Seeschlacht bei Salamis.

Ein anderes Beispiel:

Krösus, König von Lydien, schickte um das Jahr 550 v. Chr. eine mit prunkvollen Geschenken ausgestattete Gesandtschaft nach Delphi. Er war in größter Sorge, weil die Perser im Osten schon alle benachbarten Völker unterworfen hatten und jetzt schon bis zum Fluss Halys, der die Ostgrenze seines Reiches bildete, vorgedrungen waren.
So ließ er von der Gesandtschaft folgende Frage stellen: „Krösus, der mächtige König der Lyder, sendet euch Geschenke, die der Erhabenheit und der Weisheit eurer Orakelsprüche würdig sind. Er fragt nun, wie er handeln soll. Soll er gegen die feindliche Macht der Perser zu Felde ziehen?“
Der Orakelspruch lautete: „Wenn Krösus den Grenzfluss Halys überschreitet, wird er ein großes Reich zerstören.“
Voller Freude nahm Krösus diesen Orakelspruch entgegen und schickte zum Dank einen Sack voller Geldstücke nach Delphi.
Bald darauf überquerte er mit seinen Truppen den Grenzfluss Halys und griff die Perser an. Er wurde von ihnen vernichtend geschlagen. Das Orakel hatte sich erfüllt. Krösus hatte ein großes Reich zerstört – sein eigenes.

1 Was fällt dir an diesen beiden Orakelsprüchen auf?

____

____

2 Stelle selbst eine Frage an das Orakel.

____

____

3 Tauscht eure Fragen aus und schreibt einem/r Mitschüler/in einen „typischen“ Orakelspruch zu seiner/ihrer Frage auf.

____

____

Moderne Orakelsprüche

Sie wollen Ihre Zukunft wissen???
Ich sage sie Ihnen!
Sofortiges telefonisches Kartenlegen

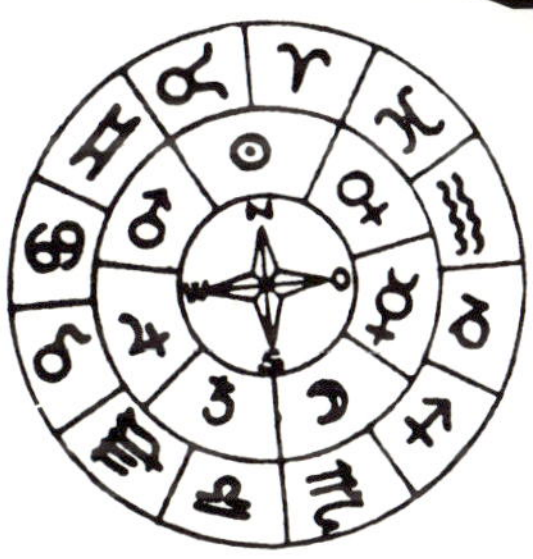

Das Buch der Bücher
Das ist Mein Wort
A und Ω

International bekannter Hellseher und Magier bietet echte Lebenshilfe.

Wir spielen Orakel von Delphi im Jahre 1999.

Euer Lehrer ist das Orakel. Ihr seid diejenigen, die das Orakel auf die Probe stellen wollen. Befragt z.B. das Orakel, welches Hobby ihr habt oder als nächstes wählen werdet, wer euer bester Freund, eure beste Freundin ist, oder, oder, oder, ...
Das Orakel bittet euch nun, höchstens 9 Vorschläge auf einem Blatt zu notieren und durchzunummerieren.

Und jetzt spricht das Orakel: „Sterblicher, multipliziere die Zahl deiner Wahl, ohne sie mir zu nennen, mit 2 und addiere zu diesem Ergebnis 5. Verrate mir noch nichts.

Nun multiplizierst du diese Zahl mit 50.
Merke dir die Zahl gut, denn ich brauche zunächst noch eine weitere Angabe von dir.
Sterblicher, hattest du in diesem Jahr (1999) bereits Geburtstag?
Wenn nein, so addiere zu deiner gemerkten Zahl noch einmal 1748.
Wenn ja, so addiere 1749.
Zuletzt, danach steht mein Urteil fest, subtrahiere dein Geburtsjahr (z.B. 1983) vom letzten Ergebnis.
Sterblicher, so nenne mir jetzt dieses Ergebnis."

So spricht das Orakel. Anschließend teilt es dir nicht nur mit, welches Hobby du hast, sondern weiß auch noch, wie alt du bist.
Teste nun das Orakel. Haben wir dir zu viel versprochen?

Warum weiß das Orakel das alles über dich?
Ganz andere Probleme ergeben sich, wenn das Orakel im Jahre 1000 vor Christi Geburt hätte so sprechen sollen.
Vielleicht ist hier auch mal der Mathematiklehrer gefragt.

5. Die Olympischen Spiele

❐ Frieden stiftender Götterkult

Dies schrieb Isokrates 380 v. Chr. über den Sinn der Olympischen Spiele:

„Unseren Vorfahren verdanken wir es, dass wir uns alle an einem Ort versammeln, nachdem wir einen Waffenstillstand geschlossen und alle Feindseligkeiten eingestellt haben. Während des Festes bringen wir gemeinsam unserem höchsten Gott, Zeus, Opfer dar, verrichten gemeinsam Gebete und werden uns dabei unseres gemeinsamen Ursprungs bewusst.
Alte Freundschaften werden erneuert, neue Freundschaften werden geschlossen."

Die olympischen Spiele der Antike waren weit mehr als nur ein sportlicher Wettkampf.
Markiere im unteren Buchstabensalat die 9 Schlüsselbegriffe, aus denen man die Bedeutung der olympischen Spiele für die Griechen erkennt.
Die Leserichtungen sind dabei horizontal, vertikal und diagonal und zu allem Überfluss noch vorwärts und rückwärts.

G	B	C	G	E	M	E	I	N	S	C	H	A	F	T	J
R	O	S	O	F	A	K	E	T	B	O	K	N	Z	L	N
Z	A	T	E	E	P	H	I	C	E	M	Z	N	A	F	Y
D	N	A	T	S	L	L	I	T	S	N	E	F	F	A	W
Q	E	U	T	E	F	H	E	G	J	L	U	C	H	E	I
U	D	T	E	S	S	B	F	J	D	C	S	G	E	D	N
Y	E	A	R	R	E	D	Z	I	B	D	K	L	M	H	Z
P	I	Q	K	G	Y	G	I	V	D	R	E	F	P	O	I
X	R	L	U	E	O	B	W	E	W	A	B	F	P	E	O
V	F	V	L	C	K	J	H	C	N	P	W	D	Q	X	Y
B	A	X	T	F	R	E	U	N	D	S	C	H	A	F	T
W	O	N	S	M	T	R	U	V	U	S	T	R	X	Q	G

Der Gottesfrieden wurde wie ein Gesetz kreisförmig in einen Bronzediskus eingeschrieben. Dieser heilige Diskus wurde im Heratempel in Olympia aufbewahrt.

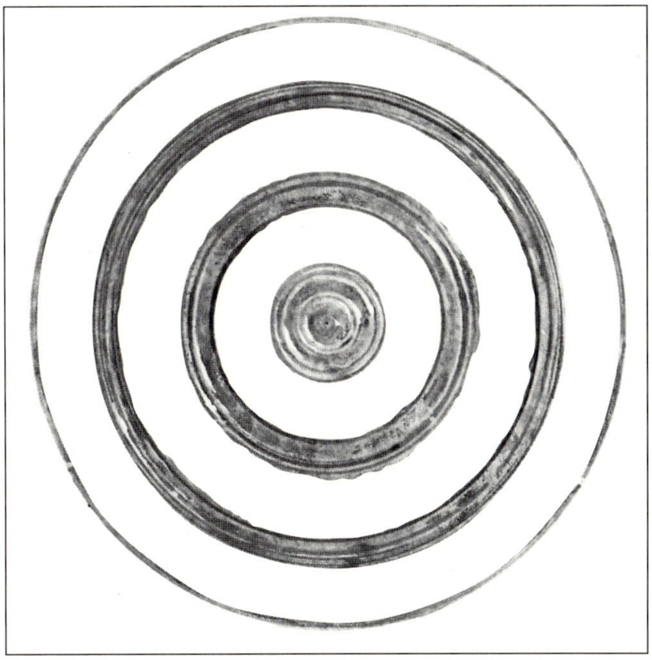

Schreibe die Begriffe, die den Gottesfrieden beschreiben, du hast bestimmt alle im Buchstabenfeld gefunden, in diesen Diskus ein!

Olympioniken-Liste

Olympiade	*Herkunft des Siegers*
1. Olympiade (776 v. Chr.)	aus Elis (Peloponnes)
2. Olympiade (772 v. Chr.)	aus Elis
3. Olympiade (768 v. Chr.)	aus Messenien (Peloponnes)
4. Olympiade (764 v. Chr.)	aus Messenien
.....	
29. Olympiade (664 v. Chr.)	aus Sparta
...	
65. Olympiade (520 v. Chr.)	aus Tarent (Süditalien)
66. Olympiade (516 v. Chr.)	aus Himera (Sizilien)
...	
79. Olympiade (464 v. Chr.)	aus Rhodos
...	
93. Olympiade (408 v. Chr.)	aus Nordafrika
...	
99. Olympiade (384 v. Chr.)	aus Kreta
...	
103. Olympiade (368 v. Chr.)	aus Ephesus (Kleinasien)

1 Wann haben die ersten Olympischen Spiele der Antike stattgefunden?

___

2 In welchen Zeitabständen haben sie stattgefunden?

___

3 Woher kamen die Sieger der olympischen Spiele? Suche die Herkunftsorte im Atlas.

___

___

4 Der olympische Frieden musste mehrere Wochen vor und nach den Spielen eingehalten werden. Kannst du eine Erklärung für diese Regelung abgeben?

___

___

___

___

❐ Wo war was?

Hier siehst du das antike Olympia (natürlich in einer Rekonstruktion).

Du wirst in diesem Kapitel einiges über die einzelnen Gebäude und Einrichtungen erfahren. Hebe sie farblich hervor und schreibe alles, was du darüber gelernt hast, stichpunktartig auf die dafür vorgesehenen Linien.

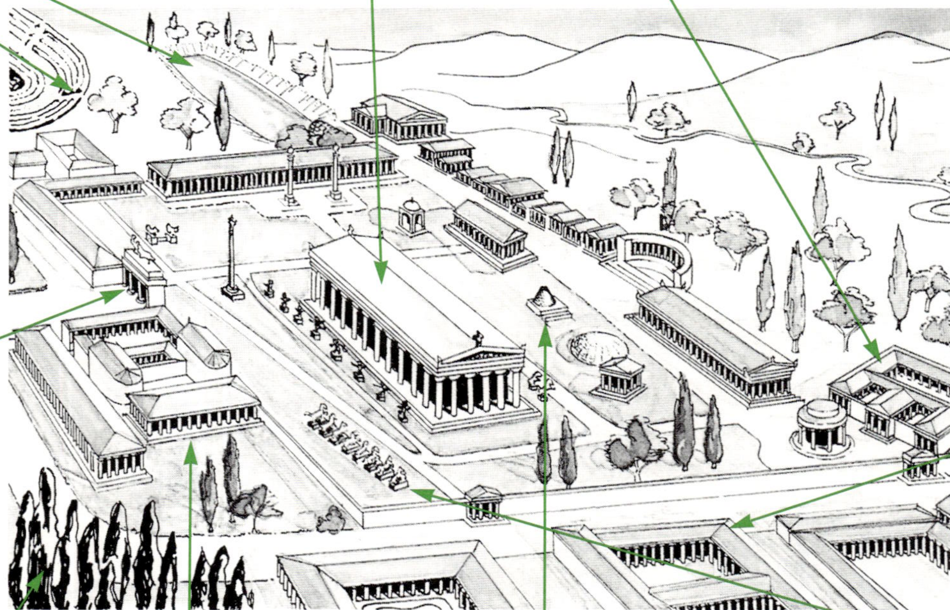

Das Stadion

Zeus-Tempel mit der Statue des olympischen Zeus

Das Prytaneion

Das Hippodrom

Das Hauptportal

Werkstatt des Bildhauers Phidias

Der heilige Hain des Zeus

Rathaus mit kleiner Zeus-Statue

Der Zeus-Altar

„Gestiftete" Zeus-Statuen

Eröffnungsfeierlichkeiten

„Liebste Mutter, der Tag ist gekommen, zu ernten den Ruhm für die insgesamt 10 Monate der Entbehrungen hintereinander, für all die Opfer, die ich brachte, um mich der sorgfältigen Übung hinzugeben.
Heute, am Morgen des ersten Tages versammelte ich mich mit der gesamten Festgemeinde in der Altis, dem heiligen Hain des Zeus. Ich wünschte, du hättest mich sehen können zwischen all diesen Männern mit den großen Namen. Doch du wärest vertrieben worden wie die zwei Weiber, die sich verkleidet als Zuschauer unter die Menge gemischt hatten. Auch einen Athleten hat man kurz vor der Reinigungszeremonie mit Schimpf und Schande verjagt, denn er gehörte zu keinem der griechischen Volksstämme.
Sie wären des Todes gewesen, wären sie noch durch das Hauptportal mit zum Rathaus gezogen, um vor Horkios, dem Schwurgott Zeus, den olympischen Eid abzulegen. Ich aber habe, zusammen mit meinen Trainern, geschworen, mir keinen Verstoß gegen die olympischen Wettkämpfe zuschulden kommen zu lassen. Obwohl ich nichts zu fürchten brauchte, hatte ich bei der Zeremonie eine Gänsehaut und kalter Schweiß lief mir über den Rücken. In Ehrfurcht habe ich zur Zeusstatue aufgeblickt. In jeder Hand hält er einen Blitz. Wehe dem, der den heiligen Schwur bricht!
Aber ich habe meine Erregung vor meinen Gegnern verborgen. Wenn ich übermorgen beim Stadionlauf meine Kleider abstreife, sollen sie vor mir erzittern.
Heute noch zerstreue ich mich bei den Wettkämpfen der Knaben, der Herolde und der Trompeter. Doch schon morgen gebe ich mich der Muße nicht mehr hin und trainiere wieder. Was bedeuten mir schon Pferde-, Wagenrennen und Fünfkampf, die morgen stattfinden, gegenüber einem möglichen Triumph im Stadionlauf?
Das Warten ist das Schrecklichste. Aber direkt nach dem Höhepunkt der Spiele, am mittleren Tag der Olympiade, wenn auf dem Zeus-Altar unserem höchsten Gott das große Tieropfer gebracht worden ist, werde ich starten.
Zuschauen kann ich noch genug bei den Doppel- oder Langläufern, die direkt nach mir kommen. Auch freue ich mich schon auf die Schwerathleten und Waffenläufer, die sich noch eine Nacht länger als ich in unruhigen Träumen wälzen.
Noch verdränge ich jeden Gedanken an die Siegerehrung am fünften und letzten Tag der Spiele. Der Sieg ist alles. Werde ich als Sieger an der Feier teilhaben dürfen oder werde ich mit Schimpf und Schande nach Hause geschickt?
Liebste Mutter, ich ende für heute, da die Trompeten ertönen. Ich gebe mein Bestes!
Wünsch mir Erfolg!“

Dein Therakles

So könnten die griechischen Wettkämpfer ihre Gefühle nach Hause übermittelt haben.

1 Wer durfte an den Spielen teilnehmen und wer nicht?

____

____

2 Mit welcher Sportkleidung trat man zu den Wettkämpfen an?

____

3 Wie lange dauerte die Trainingszeit?

____

4 Wo wurde der olympische Eid abgelegt und was besagte er?

____

____

5 Wie lange dauerten die olympischen Spiele?

____

❐ Der Ablauf der Spiele

Ordne die einzelnen Ereignisse bei den Olympischen Spielen den jeweiligen Tagen zu.

Tipp: Lies den Brief des Therakles an seine Mutter noch einmal aufmerksam durch. Er wird dir helfen diese Aufgabe zu lösen.

Auf der Seite 32 findest du eine Auswahl von Bildern, die du kopieren, ausschneiden, beschriften und zu den einzelnen Ereignissen kleben kannst. Ist kein Bild vorhanden, so sind deine Malkünste gefragt.

Folgende Ereignisse sind zu ordnen:

- Schwerathletische Wettkämpfe (Ringen, Faustkampf, Pankration (moderne Form des Catch-as-catch-can))
- Pferde- und Wagenrennen
- Olympischer Eid am Rathaus
- Großes Tieropfer am Zeusaltar
- Waffenlauf
- Doppellauf
- Versammlung in der Altis
- Stadionlauf
- Siegerehrung im Zeustempel
- Wettkämpfe der Herolde und Trompeter
- Fünfkampf (Laufen, Weitsprung, Speerwurf, Diskuswurf, Ringen)
- Langlauf
- Wettkämpfe der Knaben

1. Tag: ____

2. Tag: ____

3. Tag: ______________________________

4. Tag: ______________________________

5. Tag: ______________________________

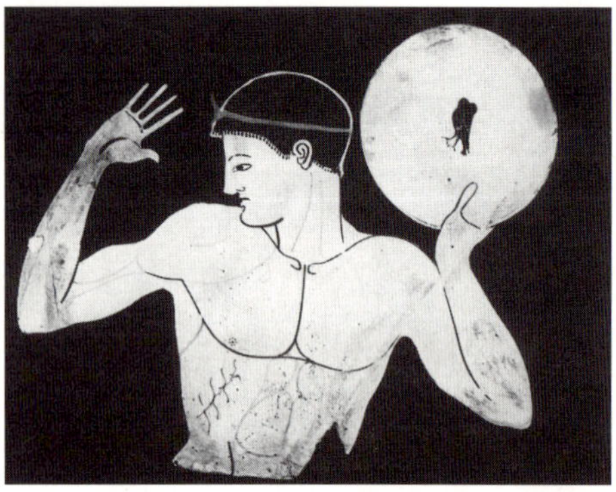

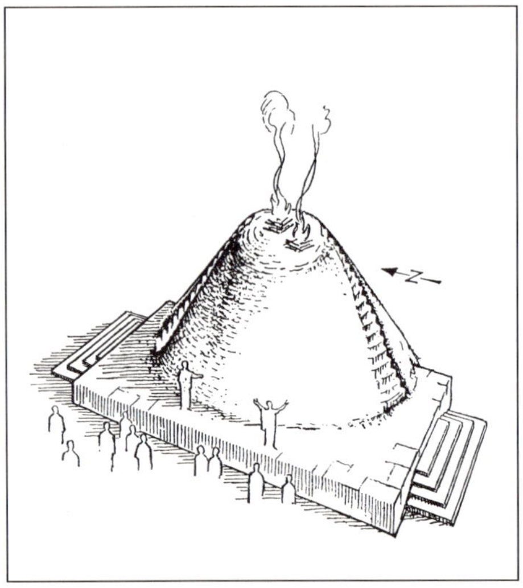

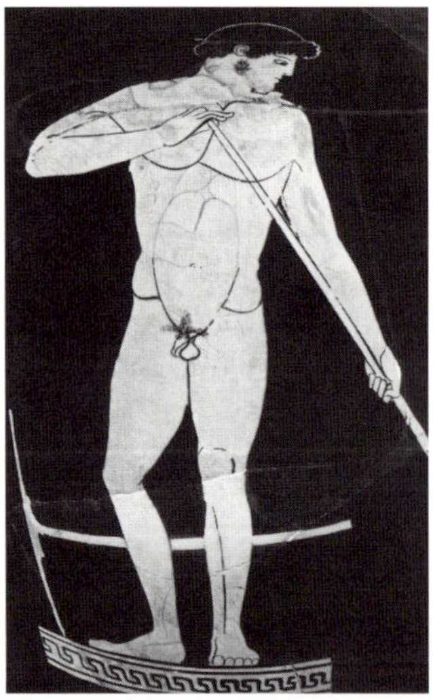

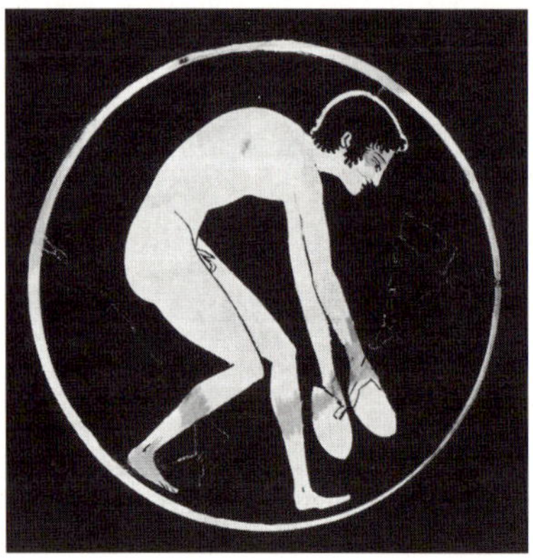

❐ Siegerehrung

Für die Leser von LERNERLEBNIS berichtet unser Reporter Aristoskopos vom fünften und letzten Tag der Spiele aus Olympia.
Hier sein Bericht:

„Ja, sie kommen, alle kommen sie in einer feierlichen Prozession durch das Eingangsportal gezogen. In einem langen Zug ziehen Sieger, Kampfrichter und Festabordnungen zum Zeustempel. Aber wo ist Therakles, der grandiose Sieger im Stadionlauf? Alle Sieger halten den direkt nach ihrem Sieg erworbenen Palmzweig in der rechten Hand.
Ein großartiges Bild, wie sie alle majestätisch dem Zeustempel entgegenschreiten, um dort, im Anblick des olympischen Zeus, den so heiß begehrten Kranz vom Ölbaum aus dem heiligen Hain des Zeus zu empfangen.
Alle, alle sind sie gekommen. Aber wo ist Therakles? Was sich hier abspielt, ist unglaublich. Horaz hat es einmal ausgedrückt, indem er sagt: ‚Beglückt fühlt er Göttern sich gleich, wenn ihn der Ölzweig schmückt.' Vergessen sind in diesem Augenblick diejenigen, die gegen den olympischen Eid verstoßen haben. Jeder von ihnen musste auch diesmal wieder zur Strafe dem Zeus eine Statue ‚stiften'.
Wo nur bleibt Therakles?

Apropos ‚olympischer Zeus'; für die jüngeren Leser sei bemerkt, dass die Zeus-Statue der Werkstatt des Bildhauers Phidias entstammt, gleich gegenüber dem Zeustempel, in den nun die ersten Wettkämpfer einziehen. Der Werkstatt entstammt nicht nur diese göttliche Statue, nein, Phidias ist auf seinem Gebiet einer der ganz Großen. Aber zurück zur Siegerehrung. Wo ist nur um Himmels willen Therakles?
Jetzt, ja es geht los! Schon setzt ein Kampfrichter in königlichem Purpurgewand dem ersten Sieger den Kranz auf das mit einer wollenen Siegerbinde umwundene Haupt. Ein großer massiger Athlet, wohl ein Pankrationike, verzeihen Sie mir die Wortschöpfung. Gleich hinter ihm noch so ein ‚Fleischberg', der Ringer Aufdimattos. Doch, was ist das? Der zweite Kranz landet gar nicht auf seinem Kopf, sondern wird zwischen den beiden nach unten gesenkt. Zu sehen sind nur die Spitzen des Kranzes. Jetzt erst ist Aufdimattos an der Reihe. Mein Gott, sollte etwa ...?
Ja, ja, jetzt sehe ich ihn, genau zwischen den beiden. Gleichsam als ob er mit dem Kranze zu wachsen schien. Ja, ja, es ist Therakles. Therakles ist doch dabei. Ja, jetzt bin ich aber doch erleichtert, vermutlich genau wie Sie. Ich mische mich jetzt unter das Volk um das Festgelage nicht zu verpassen, das für die Sieger im Prytaneion veranstaltet wird; dort drüben das Gebäude mit dem kleinen runden Säulentempel im Vordergrund. Lassen sie mich mit Pindar schließen: ‚Da erbrausten die Freunde, ihr Lärm war groß ... Durchs heilige Gefild hin erscholl beim fröhlichen Gelage in festlicher Weise Gesang.'"

- Verfasse einen Brief des Therakles von der Siegerehrung und dem anschließenden Festgelage an seine Mutter.
- Fertige eine Collage oder Wandzeitung an zum Thema: Olympia gestern und heute.
- Dein Sportidol der letzten Olympischen Spiele trifft Therakles. Schreibe einen Dialog!
- Plant die szenische Darstellung der Siegerehrung und des Abschlussfestes mit Requisiten.
- Wenn ihr wollt, dann plant doch die gesamten antiken Olympischen Spiele und führt sie durch. Verzichtet aber bei den Wettkämpfen auf Wagenrennen und Pankration, sonst garantieren wir für nichts!

6. Die griechische Sprache

❐ Das griechische Alphabet

Moment mal, wieso denn eigentlich Alpha-bet ???

α ALPHA	β BETA	γ GAMMA	δ DELTA	ε EPSILON	ζ ZETA
η ETA	θ THETA	ι JOTA	κ KAPPA	λ LAMDA	μ MY
ν NY	ξ XI	ο OMIKRON	π PI	ρ RHO	σ SIGMA
τ TAU	υ YPSILON	φ PHI	χ CHI	ψ PSI	ω OMEGA

So lassen sich die griechischen Buchstaben unseren heutigen zuordnen:

α	β	γ	δ	ε	ζ	η	θ	ι	κ	λ	μ	ν	ξ	ο	π	ρ	σ,ς	τ	υ	φ	χ	ψ	ω
a	**b**	**g**	**d**	**e**	**z**	**e**	**th**	**i**	**k**	**l**	**m**	**n**	**x**	**o**	**p**	**r**	**s**	**t**	**u**	**ph,f**	**ch**	**ps**	**O**

Wir basteln ein Buchstaben-Memory

Schneidet die griechischen Buchstabenkärtchen (Kopie!) aus und stellt die gleichen Kärtchen für die heutigen Buchstaben her. Schneidet auch diese aus. Verstärkt sie vor dem Schneiden eventuell mit Pappe. Sobald ihr nun alle Kärtchen gemischt und verdeckt auf dem Tisch ausgelegt habt, kann das Spiel beginnen.

Stellt euer eigenes Memory-Spiel her, indem ihr herausfindet, wie die griechischen Großbuchstaben aussehen und bastelt ein Memory-Spiel mit Großbuchstaben.

❐ Das „Alpha beten" können

Hier heißt es nicht von A bis Z, hier geht es um das A und O (daher kommt übrigens auch der Ausspruch).

Alpha, Beta, Gamma,
ich kann erst drei, welch' Jammer.

Delta, Epsilon, Zeta,
die and'ren lern' ich später.

Eta, Theta, Iota,
als Eselsbrücke: Lothar.

Kappa, Lambda, My,
die lern' ich morgen früh.

Ny, Xi, Omikron,
ach, wär' ich schon bei Ypsilon.

Pi, Rho, Sigma, Tau,
sind vier, was bin ich schlau!
Ypsilon, Phi, Chi,
die kann ich jetzt, und wie ...

Psi und schließlich Omega.
Hurra!!! Jetzt ist das Ende da.

Alpha, Beta, Gamma,
ich kann erst drei, welch' Jammer.
.....
.....
.....

Dieser Reim eignet sich nicht nur hervorragend zum Lernen des griechischen Alphabets, sondern kann auch als Abzählreim benutzt werden.
Vielleicht erfindest du ja auch einen eigenen Reim.
Wenn du musikalisch veranlagt bist, kannst du den Reim auch vertonen.

❒ Lesen und Schreiben mit griechischen Buchstaben

Du weißt jetzt, welche heutigen Buchstaben sich den griechischen zuordnen lassen. Einige Buchstaben, die wir heute benutzen, fehlen allerdings.

Daher folgende Tipps:

– für c und q verwende κ
– für v verwende ϕ
– für w verwende ου

Der Buchstabe „h" wird durch einen Akzent^{c} über dem folgenden Vokal gekennzeichnet (z.B. $\overset{c}{a}$ wird „ha" ausgesprochen).

Für das „s" gibt es zwei Zeichen:
σ am Anfang oder in der Mitte eines Wortes,
ς für das Ende eines Wortes.

Schreibe deinen Namen in griechischen Buchstaben!

Mein Name: ______________________________

Kannst du auch bestimmen, aus welcher Stadt die folgende Münze stammt?
Achte auf die Aufschrift!

Diese Münze ist aus:

____

Stelle selbst Münzen her.

➢ Schreibe den Namen der Stadt, in der du zur Schule gehst, in griechischen Buchstaben auf den Rand der Münze und zeichne ein spezielles Symbol für die Stadt in die Mitte.

➢ Auf der anderen Seite der Münze kann dein Name und dein Porträt erscheinen.

Bei einem Gang durchs Museum entdeckst du die folgenden Malereien auf alten griechischen Vasen. Einige Museumsbesucher stehen ratlos davor. Götter, Helden, Ungeheuer, ... ???

Erlöse sie aus ihrer Unwissenheit.
Entziffere die Inschriften und erzähle alles, was du über die dargestellten Szenen weißt!

ΟΙΔΙΠΟΥΣ

Übersetzung:

Alles, was ich darüber weiß:

ΟΔΥΣΣΕΥΣ

Übersetzung:

Alles, was ich darüber weiß:

ΑΡΕΣ

Übersetzung:

Alles, was ich darüber weiß:

ΠΟΛΥΦΗΜΟΣ

Übersetzung?

Alles, was ich darüber weiß:

ΠΡΟΜΗΘΕΥΣ

Übersetzung:

Alles, was ich darüber weiß:

❐ Fremdwörter aus dem Griechischen (Vokabelmix)

A	A	A	A	B	B	B
Mikro (klein)	**Geo** (Erde)	**Sym, Syn** (zusammen)	**Aristo** (die Besten)	**kratie** (herrschen)	**sophie** (Weisheit)	**skop** (sehen)
Tele (fern)	**Philo** (Freund)	**Auto** (selbst)	**Archäo** (alt)	**these** (Behauptung)	**dendron** (Baum)	**naut** (Seefahrer)
Bio (Leben)	**Rhodo** (Rose)	**Astro** (Stern)	**Stethos** (Brustkorb)	**logie** (Lehre)	**dox** (Meinung)	**kosmos** (Welt)
Makro (groß)	**Psycho** (Seele)	**Toxiko** (Gift)	**Theo** (Gott)	**grafie** (schreiben)	**metrie** (Maß)	**gramm** (Schrift)
Anthropo (Mensch)	**Photo** (Licht)	**Para** (entgegen, dazu, neben)	**Demo** (Volk)	**phon** (Ton)	**pathie** (leiden, empfinden)	**didakt** (Lehrer)

Viele Wörter, die wir heute noch als Fremdwörter verwenden, haben ihren Ursprung in der altgriechischen Sprache.
In den Wortbausteinen der sieben Säulen stecken griechische Wörter, die – natürlich übersetzt – darunter stehen.

Bilde aus den Wortbausteinen der Säulen A und B möglichst viele Fremdwörter und erkläre ihre Bedeutung.

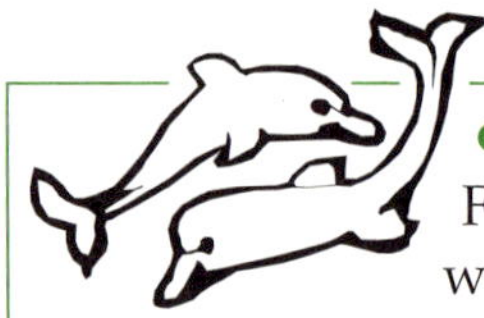

- Die Schreibweise einiger Fremdwörter ist modernisiert worden. Finde heraus, welche das sind und schreibe sie in der heute gebräuchlichen Form auf.
- Du kannst natürlich auch die Wortbausteine zu Scherzwörtern zusammenfügen und „übersetzen".

Erfindet selbst Spiele mit dem Vokabelmix!

❒ Schlaue Sprüche von alten Griechen

Viele Begriffe und Redensarten, die wir heute noch verwenden, haben ihren Ursprung in der griechischen Antike. Kennst du ihre Bedeutung?

Eine Penelopearbeit verrichten (Homer)	1	a	Immer schön gelassen bleiben
Eine Hand wäscht die andere (Epicharmos)	2	b	Sich mutig in eine bedrohliche Situation begeben
Eulen nach Athen tragen (Aristophanes)	3	c	Alles verändert sich
Liebe macht blind (Platon)	4	d	Etwas Überflüssiges tun
Das ist der springende Punkt (Aristoteles)	5	e	Der Umgang formt den Charakter
Eine Sisyphosarbeit verrichten (Homer)	6	f	Gib etwas und nimm etwas
Stoische Ruhe zeigen (Stoiker)	7	g	Eine Situation kann sowohl schlecht als auch gut ausgehen
Den Löwenanteil bekommen (Äsop)	8	h	Mit den Verdiensten anderer prahlen
Es steht auf Messers Schneide (Homer)	9	i	Eine vergebliche Arbeit tun
In Wolkenkuckucksheim leben (Aristophanes)	10	j	Hier werden Fehler einfach übersehen
Sich in die Höhle des Löwen wagen (Äsop)	11	k	Eine Arbeit, die keine Ergebnisse zeigt
Sich mit fremden Federn schmücken (Äsop)	12	l	Hierauf kommt alles an
Zeige mir deine Freunde, und ich sage dir, wer du bist (Euripides)	13	m	Einer bekommt zu viel zum Schaden der anderen
Alles fließt (Heraklit)	14	n	In einer Phantasiewelt leben

Ordne den einzelnen Redensarten ihre richtige Bedeutung zu.

Eine(r) aus der Klasse kann eine dieser Redensarten oder auch eine griechische Sagengestalt pantomimisch darstellen (Scharade). Der, der richtig geraten hat, kommt als Nächster dran.

7. Griechische Architektur

Griechische Tempel und Säulen

Die Tempel in Griechenland waren wohl die prachtvollsten Bauten. Durch sie wollten die Griechen ihre Götter ehren. Gebaut wurden sie aus Kalkstein oder weißem Marmor. Sie wurden mit Ornamenten, Friesen und Statuen verziert und mit bunten Farben bemalt.
Im geschlossenen Innenraum, der Cella, stand eine große Statue des Gottes oder der Göttin, der oder die in diesem Tempel verehrt wurde. Oft bestand sie aus Elfenbein und purem Gold. Das auffälligste Merkmal jedes Tempels aber waren seine Säulen.

Es gibt drei verschiedene Arten von Säulen:

1. Die dorische Säule:
   Sie ist gedrungen, das Kapitell ist schlicht und ohne Verzierungen.

2. Die ionische Säule:
   Sie ist schlank und hat zwei schneckenartige Verzierungen.

3. Die korinthische Säule:
   Sie hat ein mit Blättern und Ornamenten verziertes Kapitell.

Im Museum sind diese drei Säulen aufgestellt worden; nur die Beschriftung fehlt noch.
Schreibe bitte die richtige Bezeichnung auf die Schildchen.

❒ Bauanleitung für einen griechischen Tempel

Vor dem Ausschneiden müssen die Bauteile auf stärkeres, aber trotzdem biegsames Papier fotokopiert werden. Es empfiehlt sich eine Vergrößerung auf DIN A3.

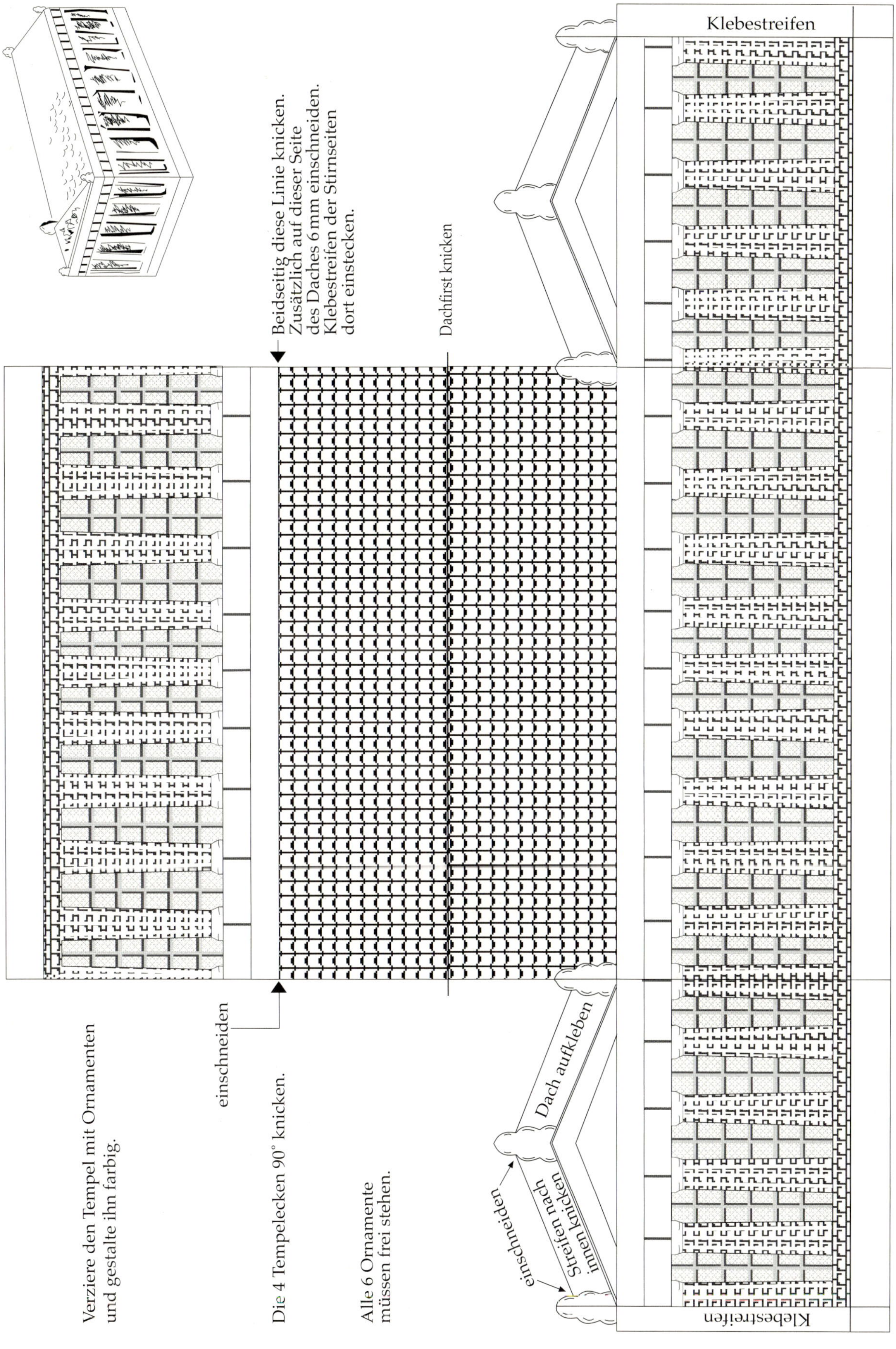

8. Griechische Theater-Kultur

❐ Das griechische Theater

An der Südseite des Akropolis-Felsens befindet sich das älteste griechische Theater, das Dionysos-Theater mit 17000 Plätzen. Das Wort „Theater“ kommt übrigens von dem griechischen Wort für „sehen – schauen“. Hier sehen also Zuschauer ein Schauspiel. Ein griechisches Theater besteht aus einem – oft in den Fels gehauenen – halbkreisförmigen *Zuschauerraum*, der kreisförmigen *Orchestra*, wo der Chor auftrat, sang und tanzte, und der *Skene*. Die Skene bestand aus der Bühne und einem Bühnengebäude, wo sich die Schauspieler umzogen. Mikrofone und Lautsprecheranlagen gab es damals natürlich noch nicht, die brauchte man aber auch gar nicht. Die Akustik (abgeleitet von dem griechischen Wort für „hörbar“, gut zu hören) in einem griechischen Theater ist heute immer noch so gut, dass selbst ein Zuschauer in der obersten Reihe jedes Wort, ja selbst Atemgeräusche und das Rascheln der Kleidung gut hören kann. Bei lauten Geräuschen, wie z. B. Donnergrollen, müssen die Zuschauer wohl richtig zusammengezuckt sein. Erzeugt wurde es, indem man ein mit Steinen gefülltes Bronzefass über eine Metallplatte rollte.

1 Beschrifte die Zeichnung eines griechischen Theaters.
Wenn du weißt, welche Begriffe wir von Orchestra und Skene abgeleitet haben, schreibe sie dazu.

2 Ist im folgenden Text das eine richtig oder das andere? Streiche das Falsche einfach durch.

Die Theatervorstellungen dauerten *zwei Stunden – vom frühen Morgen bis zum späten Abend.* Deshalb brachten alle Zuschauer nicht nur weiche Kissen, sondern auch etwas zu essen und zu trinken mit.
Aufgeführt wurden an einem Tag drei Tragödien und eine Komödie.
Die *Tragödie – Komödie* hat ein ernstes Thema. Das *Unglück – Glück,* das über den Helden hereinbricht, versetzt die Zuschauer in Angst und Schrecken, manche weinen sogar aus Mitleid. So wurde und wird heute noch die traurige Geschichte von König Ödipus als *Tragödie – Komödie* aufgeführt.
Die *Tragödie – Komödie* dagegen bringt die Zuschauer mit Scherzen und Spottliedern zum Lachen.

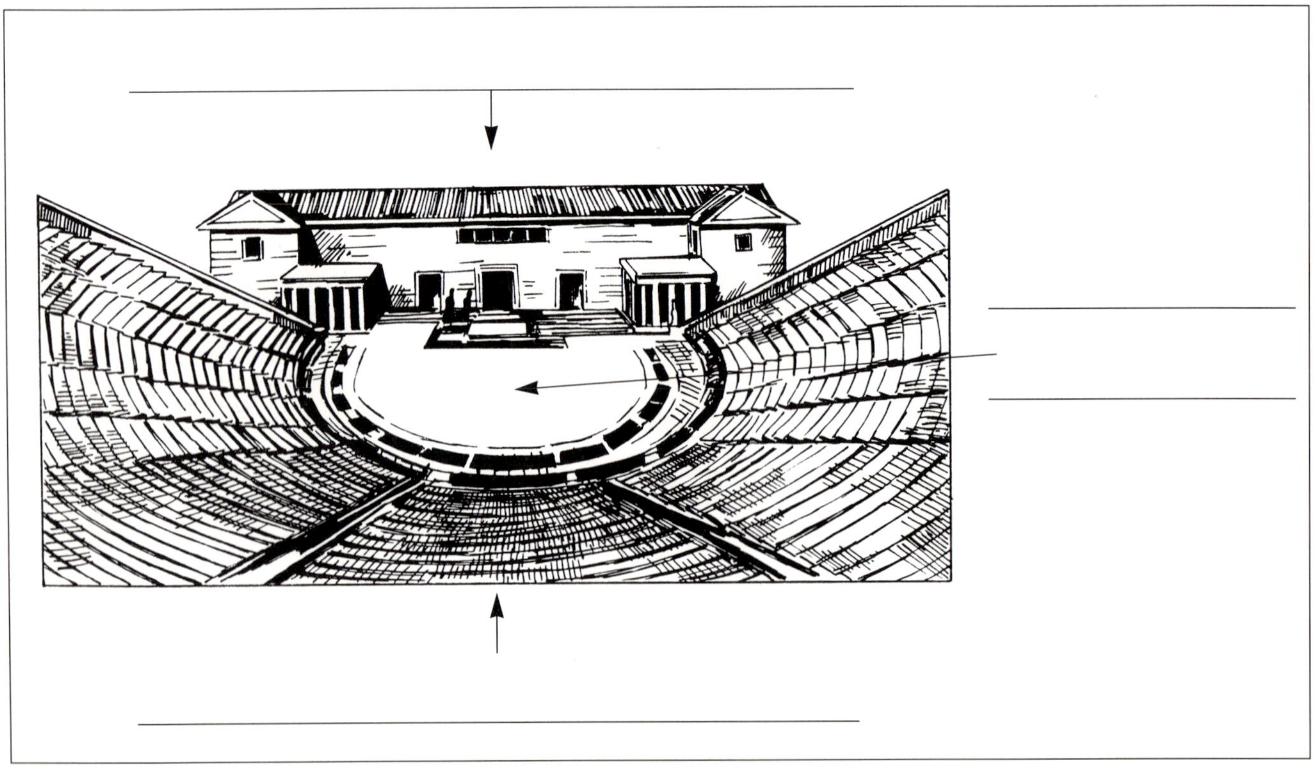

❒ Theatermasken

Die ausschließlich männlichen Schauspieler im griechischen Theater, die in einem Stück mehrere Rollen übernehmen mussten, trugen Masken.
So konnte ein Schauspieler in einem Stück z. B. ein Mädchen, einen alten Mann und einen Helden darstellen.
An den Masken konnten aber auch die Zuschauer, noch aus der obersten Reihe, Charaktereigenschaften und Gefühle der dargestellten Personen ablesen.

Schreibe unter jede der rechts abgebildeten Masken, welche Charaktereigenschaften und Gefühle sie ausdrückt!

Entwerft selbst Masken, die ein Schauspieler in einem griechischen Theater tragen würde. Wählt euch dazu Figuren aus der griechischen Mythologie aus (z. B. Medusa mit ihrem versteinernden Blick und ihren Schlangenhaaren oder den mit schmerzverzerrtem Gesicht an einen Fels geketteten Prometheus, die strahlende Penelope, die nach 20 Jahren ihren Odysseus wiedersieht, den zürnenden Poseidon, ...).
Vielleicht stellt ihr einige Masken in Form eines kleinen Rollenspiels vor.
Ihr habt sicher selbst die besten Ideen.

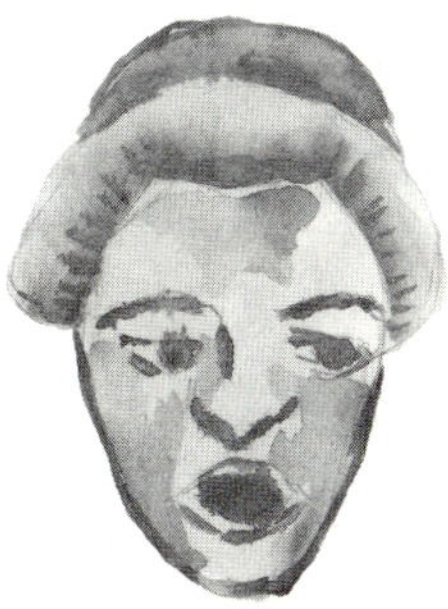

❐ Eine Theatermaske zum Ausschneiden

Male diese Maske bunt, klebe sie auf dünne Pappe und schneide sie aus (Kopie!). Schneide die Öffnungen für die Augen und den Mund an den gestrichelten Linien aus. Wenn du an beiden Seiten ein Gummiband festknotest, kannst du sie tragen.

Stellt im Kunstunterricht selbst verschiedene Masken her, die Entsetzen, Verzweiflung, Freude, ... ausdrücken.

9. Die Kleidung der Griechen

Die Kleidung der Griechen, die von den Frauen selbst angefertigt wurde, war sehr einfach herzustellen und bequem zu tagen.
Der *Peplos* wurde nur von Frauen getragen.
Der *Chiton* wurde von Männern und Frauen getragen.
Über diesen Gewändern trugen Männer und Frauen ein faltenreiches Gewand, das *Himátion*. Das Himátion war einfach nur ein rechteckiges Stück Stoff aus Wolle oder Leinen, oft bunt oder mit Verzierungen versehen, das über die Schulter geworfen wurde. Es wurde immer unbefestigt, also ohne Nadel oder Spange getragen. Männer trugen es oft direkt auf der Haut.

❒ Herstellung eines Peplos

Die Zeichnungen zeigen dir, wie ein Peplos von den Frauen angefertigt wurde. Beschreibe die Herstellung eines Peplos!

❐ Herstellung eines Chiton

Die Zeichnungen zeigen dir, wie ein Chiton von den Frauen angefertigt wurde.
Beschreibe die Herstellung eines Chiton!

1 Du kannst auch selbst einen Chiton, einen Peplos oder ein Himátion anfertigen – entweder für eine Puppe oder für dich selbst.

2 Natürlich haben die Griechen diese Grundmuster immer wieder abgeändert. Sammle Bilder antiker Darstellungen, auf denen man die Kleidung gut erkennt und klebe sie in deine Griechenland-Mappe.

3 Verziere deinen Chiton, deinen Peplos oder dein Himátion mit einem typischen griechischen Muster wie z. B. dem Mäander.

Auf Abbildungen griechischer Vasen und Amphoren findest du noch andere Ornamente.
Du kannst aber auch selbst ein Muster entwerfen.

Die Polis Athen

1. Wie der Name Athen entstand

Dies ist die , der heilige Tempelberg des antiken Athen.

Auf dem höchsten Punkt befindet sich der .

Er ist der berühmteste und schönste Tempel der Griechen.

Er wurde zu Ehren der Göttin  errichtet. Sie ist die Schutzherrin der Stadt. Um die Herrschaft soll sie mit dem Meeresgott  einen Wettstreit ausgetragen haben.

Es wurde vereinbart, dass derjenige herrschen solle, der der Stadt das nützlichste Geschenk macht.

So schlug der Meeresgott mit seinem  einen Spalt in die Erde und eine  sprudelte daraufhin heraus.

Die Göttin stampfte mit dem Fuß auf die Erde und es wuchs der erste , das Symbol des Friedens, aus dem Boden.

Die anderen Götter, die den Wettstreit entscheiden sollten, riefen die Göttin als Siegerin aus und so erhielt die Stadt ihren Namen.

Als besonders mutige und kluge Göttin erwählte sie die , die ihr ja schon alle kennt, zu ihrem heiligen Tier.

Na, habt ihr schon mal ein Kreuzworträtsel rückwärts gelöst??? Versucht es doch einfach mal. Hier müsst ihr die Fragen, die zu den Lösungen gehören, eintragen:

1. ______________________________
2. ______________________________
3. ______________________________
4. ______________________________
5. ______________________________
6. ______________________________
7. ______________________________
8. ______________________________

							1 Q					
							U					
				2 A	T	H	E	N	E			
							L					
	3 A	K	R	O	4 P	O	L	I	S			
					O		E					
					S							
5 P	A	R	T	H	E	N	O	N				
					I							
	7 E				6 D	R	E	I	Z	A	C	K
	U				O							
8 O	L	I	V	E	N	B	A	U	M			
	E											

2. Die Verfassung Athens

❐ Von der Monarchie zur Demokratie

Die Griechen sind zwar die Erfinder der Demokratie gewesen, doch hatten sie diese Staatsform nicht von Anfang an.

- Bis ca. 700 v. Chr.: *Monarchie*
  Königsherrschaft (monarchos = allein, einzeln)
- Von ca. 700 bis ca. 500 v. Chr.: *Aristokratie*
  Adelsherrschaft (aristoi = die Besten)
- Ab ca. 500 v. Chr.: *Demokratie.*
  Volksherrschaft (demos = Volk)

Auf dieser Seite sollten dir eigentlich Schaubilder diese drei Staatsformen näher erklären.
Leider sind sie durcheinander geraten.
Sicher gelingt es dir, sie wieder richtig zusammenzusetzen und diese Seite neu zu gestalten.

➢ Schneide die einzelnen Teile aus (Kopie!), füge sie zusammen und klebe die drei Schaubilder unter der passenden Überschrift auf der nächsten Seite auf.

➢ Male den Teil der Bevölkerung, der mitbestimmen durfte, im Schaubild farbig aus.

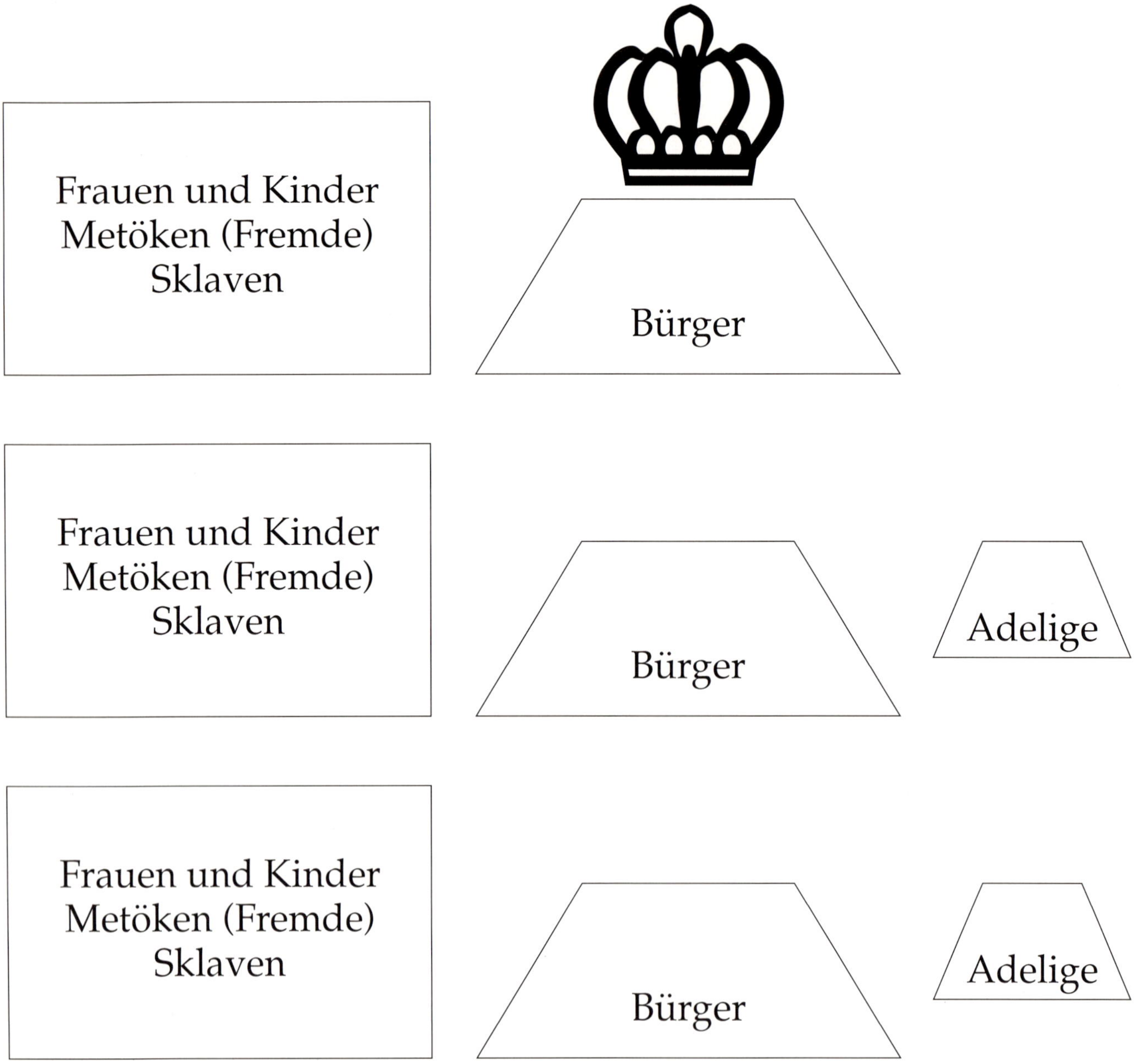

Schaubilder zu den griechischen Staatsformen

Monarchie | **Aristokratie** | **Demokratie**

Die Verfassung, die Solon 594 v.Chr. Athen gegeben hat, war der erste Schritt zur Demokratie.

- Diskutiert über Vor- und Nachteile der oben genannten Staatsformen.
- Vergleicht die frühe Form der Demokratie mit unserer heutigen.
- Versucht ein Schaubild unserer heutigen Demokratie zu erstellen.
- Überlegt euch in der Klasse Rollenspiele zu den einzelnen Verfassungen. Einigt euch, welche Entscheidung getroffen werden soll und bestimmt die einzelnen Gruppen per Los.

❐ Das Demokratiespiel

Das folgende Spiel soll euch Wissen über wichtige Begriffe vermitteln, die mit der griechischen Demokratie zu tun haben. Wer weiß schon genau Bescheid über die *Pnyx*, das *Scherbengericht*, den *Areopag*, das *Bema*, den *Rat der 500* oder, oder, oder, ...?
Statt stur auswendig zu lernen, könnt ihr mit dem Demokratiespiel spielend Wissen erwerben. Außerdem macht es viel Spaß, dieses Spiel in eurer Klasse zu spielen!!!

Vorbereitung des Spiels und Spielregeln

- Schneidet die Wissenskarten und die Zahlenkarten aus (Kopie!). Die Wissenskarten zu den einzelnen Begriffen knickt ihr in der Mitte. Anschließend klebt ihr die Rückseiten von Bild und Antworten zusammen, sodass 12 stabile Kärtchen mit Vorder- und Rückseite entstehen. Die Zahlenkarten werden einzeln ausgeschnitten. Ihr benötigt so viele „Reihen" von 0 bis 3, wie ihr Gruppen bilden wollt, die gegeneinander spielen.
- Ihr könnt 2 bis 6 Gruppen mit beliebig vielen Spielern bilden. Außerdem braucht ihr einen Spielleiter.
- Jede Gruppe erhält 4 Zahlenkarten (0, 1, 2, 3). Der Spielleiter erhält alle Wissenskarten, die er mischt und anschließend zu einem Stapel (Bild nach oben) vor sich auf den Tisch legt.
- Der Spielleiter nimmt nun die oberste Karte, sodass er die Antworten sehen kann, die Gruppen das Bild und den Begriff sehen, um den es jetzt geht.
- Von den 6 aufgedruckten Antworten (die oberen 3 sind richtig, die unteren drei sind falsch), liest der Spielleiter drei in beliebiger Reihenfolge vor.
- Die Gruppen entscheiden, ob die erste und (oder) zweite und (oder) dritte vorgelesene Antwort richtig war, oder ob alle falsch waren. Dazu dürfen sich die Mitglieder einer Gruppe leise untereinander beraten.
- Hat die Gruppe sich entschieden, legt sie (verdeckt) Zahlenkärtchen auf den Tisch.
- 0 für: Keine Antwort war richtig.
- 1 oder 2 oder 3 für: Nur die erste (zweite) (dritte) Antwort war richtig.
- 1 und 2, 2 und 3, ... für: Die erste und zweite (zweite und dritte) ... Antwort waren richtig.
- I und 2 und 3 für: Alle Antworten waren richtig.
- Hat jede Gruppe ihre Zahlenkarten gelegt, werden sie aufgedeckt.
- Der Spielleiter entscheidet, welche Gruppe(n) alles richtig haben. Diese Gruppe(n) erhält (erhalten) einen Punkt.
- Anschließend wird die nächste Wissenskarte behandelt.
- Sind alle Wissenskarten verbraucht, so kann neu gemischt und noch einmal wiederholt oder aber auch beendet werden. Die Gruppe mit den meisten Punkten hat gewonnen. Selbst mehrere Durchgänge des Spieles sind immer wieder anders und völlig neu für die Spieler, da es für den Spielleiter bei jeder Wissenskarte 20 Möglichkeiten gibt, richtige und falsche Antworten zu kombinieren.

Variationen

- Am Anfang reicht es vielleicht, wenn der Spielleiter nur eine oder zwei Antworten vorliest.
- Die Spieler legen nach jeder vorgelesenen Antwort spontan ein Zahlenkärtchen (jetzt offen), wenn die Antwort richtig ist. Null nach der letzten Antwort, wenn alles falsch war.
- Trennt man Bild- und Antwortseite voneinander, so ergibt sich ein Memory-Spiel mit 24 Karten.
- Der Spielleiter liest eine richtige Antwort vor, ohne dass die Gruppen sehen, zu welchem Begriff sie gehört (Bsp.: Der Treffpunkt mitten in der Stadt heißt ...). Die schnellste Gruppe antwortet mit Agora und erhält einen Punkt.
- Ihr überlegt euch selbst weitere Spielvarianten!!!

Stimmsteinchen 	• Durchlöcherter Stimmstein = Freispruch • Nicht durchlöcherter Stein = Schuldspruch • Stimmstein war aus Bronze • Stimmstein war aus Granit • Verhinderung von Bestechungsversuchen • durchlöcherter Stein = Schuldspruch
Wasseruhr 	• Damit wurde die Redezeit genau bemessen • Ende der Redezeit nach Wasserdurchlauf • Sie wurde auf dem Bema benutzt • Tägliche Ermittlung der Richter am Volksgericht • Ostrakon bedeutet Wasseruhr • Zufallsgerät
Bema 	• Zur Meinungsäußerung für die Athener • Erhöhte Felsplattform als Rednertribüne • Redeort auf der Pnyx • Treffpunkt mitten in der Stadt • Oberstadt • Säulenhalle
Volksversammlung 	• Entschied über Krieg, Frieden und Gesetze • Bestimmte die obersten Heerführer • Alle freien Athener über 20 nahmen teil • Mitglieder wurden durch das Los bestimmt • Versammlung der Philosophen • Zuständig für Mordprozesse
Rat der 500 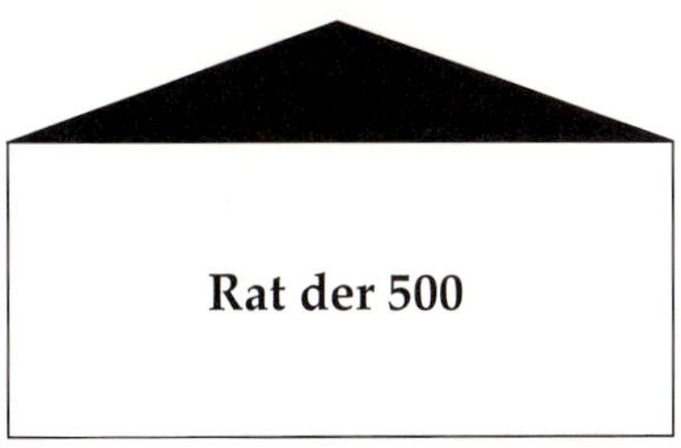 	• Mitglieder wurden durch das Los bestimmt • Beschluss von Gesetzen, über die in der Volksversammlung abgestimmt wurde • Ausführung der Beschlüsse der Volksversammlung • Entschied über Krieg und Frieden • Alle freien Athener über 20 nahmen teil • Zuständig für Mordprozesse
Stoa 	• Säulenhalle • Treffpunkt der Philosophen • Gebäude auf der Agora • Hügel in der Nähe der Akropolis • Tagungsort des ältesten Gerichts • Redeort auf der Pnyx

Pnyx 	**• Hügel in der Nähe der Akropolis • Versammlungsort der Volksversammlung • Abgeleitet von pyknos = dicht gedrängt** • Oberstadt • Tagungsort des ältesten Gerichts • Sitz der Athener Regierung
Akropolis 	**• Tempelberg • Oberstadt • gekrönt vom Parthenon-Tempel** • Durchlöcherter Stimmstein für Freispruch • Erhöhte Felsplattform als Rednertribüne • Treffpunkt der Philosophen
Agora 	**• Treffpunkt mitten in der Stadt • Marktplatz mit Ständen und Werkstätten • Tagungsort für politische Versammlungen und Gerichtsprozesse** • Damit wurde die Redezeit genau bemessen • Sie entschied über Krieg und Frieden • Eine Säulenhalle
Areopag 	**• Tagungsort des ältesten Gerichts • Zuständigkeit für Mordprozesse • Felsen (pagos) neben der Akropolis** • Gekrönt vom Parthenon-Tempel • Mitglieder wurden durch das Los bestimmt • Marktplatz mit Ständen und Werkstätten
Auslosungsmaschine 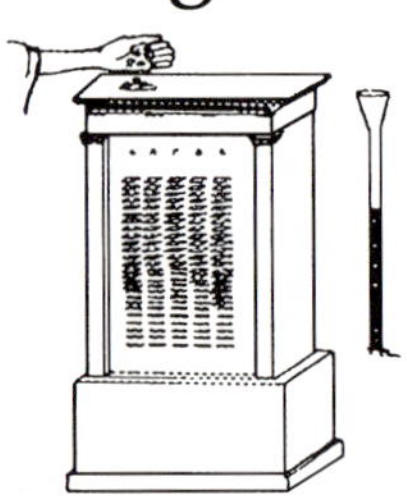	**• Tägliche Ermittlung der Richter am Volksgericht • Verhinderung von Bestechungsversuchen • Zufallsgerät** • Strategiemaschine • Ende der Redezeit nach Wasserdurchlauf • Zur Meinungsäußerung für die Athener
Scherbengericht 	**• Name eines Politikers wurde in eine Tonscherbe geritzt • 10 Jahre Verbannung bei 6000 Scherben • Ostrakon bedeutet Tonscherbe** • Zuständig für Mordprozesse • Entschied über Krieg und Frieden • Wenn nicht durchlöchert, so Schuldspruch

0	1	2	3
0	1	2	3
0	1	2	3
0	1	2	3
0	1	2	3
0	1	2	3

3. Volksversammlung auf der Pnyx

Schon seit Tagen redet mein Mann von nichts anderem mehr als dieser Volksversammlung auf diesem Hügel in der Nähe der Akropolis. Es soll zukünftig ein Tagegeld geben für alle Bürger, die dort teilnehmen. Mein Mann ist strikt dagegen, denn er meint, es sei eine Ehrensache. An mich denkt er dabei nicht. Viel besser wäre es, wenn ich mir von dem Geld eine Wäscherin leisten könnte!

Du meinst die Versammlung auf dem Berg Pnyx? Da, wo die Männer wie die Trauben an den Felsen hängen um Entscheidungen zu treffen, zu denen wir nicht gefragt werden? Meinen Mann kümmern diese Versammlungen gar nicht. Er kann es sich nicht leisten, der Arbeit fern zu bleiben. Ein kleiner Handwerks-Betrieb wirft so viel nicht ab. Aber sagtest du etwas von Versammlungsgeld???

Tachites, sieh es mal so:
Ist es nicht besser, wenn alle ohne finanzielle Sorgen teilnehmen könnten? Du hast genug Geld und Sklaven, die dir deinen Lebensstandard sichern. Doch bedenke, dass der Arbeitsausfall Ärmere hart trifft.

Schon schwatzen sie wieder über die Versammlungen. Ich will gar nicht wissen, worum es jetzt schon wieder geht. Wie soll ich meine Familie ernähren, wenn ich die Zeit mit Versammlungen vertue?

Kritios, wenn die Gelder für die Teilnahme an Versammlungen beschlossen werden, so ist dies ein Anschlag auf einen selbstverständlichen Ehrendienst für unsere Polis. Unter allen Umständen muss das verhindert werden. Ich kann mich doch in der Abstimmung auf dich verlassen?

Trotzdem, ich werde nicht die Hand heben um dem zuzustimmen. Wenn geheim mit Kieseln abgestimmt wird, so werfe ich schwarz für nein in die Urne. Geld verdirbt den Charakter, so wie bei diesem da!!!

Weiße Kiesel, schwarze Kiesel, Spiele der Demokratie, die für die Mächtigen und Wohlhabenden erfunden worden sind. Aristoteles spinnt, wenn er sagt, der Demos, also das Volk, sei der Herrscher. Demokratie ist doch nur für die, die sie sich auch leisten können.

(die Versammlung beginnt)

Kritios, ich hoffe, du hast dir alles seit heute Morgen noch einmal überlegt. Erinnere dich, wie wir gemeinsam über Krieg oder Frieden oder darüber, wer das Athener Heer anführen sollte, abgestimmt haben. Immer waren wir einer Meinung!!!
Gerade du, der nie leichtfertige Entscheidungen über zu verhängende Todesstrafen oder eine Verbannung aus der Polis Athen getroffen hat, wird doch nicht jetzt, wo es um den Beschluss eines wichtigen Gesetzes geht, aus Unbedachtheit das Falsche wählen.
Solltest du jedoch vor der Abstimmung noch schwankend sein, so wird dich gleich meine flammende Rede, in der ich allen Bürgern meine Meinung kundtue, die Richtigkeit meiner Gedanken erkennen lassen. Lass mich nun die Stufen des großen Felsbrockens erklimmen, damit meine Weisheit von der oberen Plattform aus zu dir dringe und deinen Geist erhelle.
Ich werde die mir zustehende Redezeit voll ausschöpfen.

So lange kann kein Wasser rinnen, dass du mich oben auf dem Bema redend vom Gegenteil der richtigen Gedanken überzeugst. So plappere nur, ich denke ...

Dumm gelaufen. Selbst in meiner kleinen, versteckten Werkstatt haben mich Wachen aufgespürt und anschließend abgeführt. Ich weiß ja, dass die Teilnahme Pflicht ist, aber ... Sie haben mich anschließend wie ein Stück Vieh zur Pnyx gejagt. Hiebe hat man mir versetzt. Die Peitschenstricke haben sie vorher in rote Farbe getaucht. Jetzt bin ich doch hier gelandet. Kein Geld verdient, mein Himátion mit Farbe verschmiert. Das Schlimmste aber ist die Schande.
Ach, und da ist noch was! Was erzähle ich meiner Frau???

Bürger Athens, hört mich an!!!
Solange mein Wasser rinnt, lasst mich zu euch reden. Und ehe nicht der letzte Tropfen aus dem oberen Gefäß das untere erreicht hat, werde ich nicht aufhören, euch meine Meinung zu den Versammlungsgeldern kund zu tun. Ehe nicht die Wasseruhr euch und mir verkündet, dass meine Redezeit vorüber ist, werde ich nicht ruhen, euch in dieser vielleicht wichtigsten Entscheidung, die jemals von uns getroffen worden ist, den Weg der Erleuchtung zu weisen. Noch heute morgen habe ich mit Kritios gesprochen. So lasst mich auch jetzt zu euch sprechen. Gleichsam in einer kurzen Formel, die jedem eingänglich ist:
Ääh, mein Wasser ist alle. Ich habe fertig!!!

(am nächsten Tag)

Hallo Kritios!
Ich bin gerade auf dem Weg zur Agora um 5 neue Sklaven einzukaufen. Kommst du mit? Ich habe außergewöhnlich gute Laune, obgleich ja gestern völlig falsch abgestimmt worden ist.
Nur meiner flammenden Rede war es ja zu verdanken, dass die Tagegelder so mäßig ausgefallen sind, dass nicht einmal ich mich beschweren darf.
Sag, Freund, wie hast denn du überhaupt gestimmt? Ach, ist ja auch egal. Ich glaube, ich werde mich für Sklavinnen entscheiden!!!

Manchmal ist es gut, vergessen zu können, was Demokratie überhaupt bedeutet ... Zur nächsten Versammlung wünsche ich mir keine politische Entscheidung, sondern mal wieder eine schöne Rede eines geistreichen Philosophen!!!

Ja!!! Und ob!!! Mein Mann redet über nichts anderes mehr!

Weißt du etwas über diese Versammlung?

Ja, und wie ist es mit dir?
Teste dich selbst! Was weißt du über diese Versammlung auf der Pnyx?

1 Worüber sollte hier entschieden werden?

____

2 Wer nahm an der Volksversammlung teil, wer nicht?

____

3 Warum sah man Teilnehmer mit rot verschmierter Kleidung?

____

4 Von welchem Recht macht Tachites auf dem Bema Gebrauch?

____

5 Wozu diente die Wasseruhr?

____

6 Wie wurde geheim, wie offen abgestimmt?

____

Sicher gibt es auch in eurer Klasse Dinge, die ihr durch Mehrheiten entscheidet (Klassensprecher(in), Wandertag, Tagesausflug, Klassenfest, ...).
Hättet ihr nicht Lust, einmal eine antike Volksversammlung mit Stimmsteinen, Bema und Wasseruhr (ersatzweise Sand- oder Kerzenuhr) nachzuspielen?
Die Mädchen brauchen heute nicht mehr nur Wäsche zu waschen!
Heute können die Jungen froh sein, wenn sie von den Mädels nicht glatt übergebügelt werden.

4. Schule im antiken Griechenland

Krissoula und Nikos sind Geschwister. Krissoula ist 12 Jahre alt. Ihr Bruder ist 14. Ihr Vater Philias ist ein angesehener Handwerker mit eigener Werkstatt auf der Agora in Athen. Mutter Dimitra kümmert sich mithilfe mehrerer Sklavinnen und Sklaven darum, dass zu Hause alles in Ordnung ist. In einem Handwerksbetrieb beginnt jeder Tag schon sehr früh. Auch Pheistos, der älteste Sklave wartet schon, auf seinen langen Stock gestützt, vor dem Raum, in dem die Familie soeben das Frühstück beendet hat. Er ist der „Pädagogos“ der Familie, der die Aufgabe hat, Nikos zur Schule zu begleiten und darauf zu achten, dass er nicht schwänzt.

„Krissoula, wo ist meine Wachstafel geblieben, auf der ich für die Schule geschrieben habe? Immer schleppst du meine Sachen fort! Dabei kannst du damit gar nichts anfangen. Schon immer hast du all meine Lese-, Schreib- und Rechensachen verklüngelt. Was bist du nur für ein Mädchen? Leidlich lesen und schreiben hat dir doch Mutter beigebracht. Was treibst du mit meinen Sachen? Selbst wenn du sie lesen kannst, wirst du den Sinn nicht verstehen. Vater, habe ich nicht Recht, wenn ich sage, dass Krissoula sich mehr der Musik und dem Tanz widmen sollte als dem Lesen und den Dingen, die den Jungen vorbehalten sind? Solltest du nicht besser Mutter zur Hand gehen, damit du lernst, was dein zukünftiger Mann von dir erwartet? 12 bist du schon. Kein Mann wird sich für eine Frau wie dich interessieren.“

Auf Nikos’ Worte nickt ihm sein Vater anerkennend zu. Dimitra schaut Krissoula strafend an. Krissoula springt mit Tränen in den Augen vom Tisch auf:

„Da, da hast du deine Tafel, hier, bitte! Ich wollte doch nur ein wenig lesen üben. Verstehen tu ich’s wohl! Vielleicht nicht mehr, wenn du in einem Jahr zum Lyzeum gehst, Rhetorik hast, oder wie das heißt ..., für eure sch... (na, Krissoula ist offensichtlich ganz schön sauer) *öffentlichen Diskussionen, von denen wir ja ausgesperrt sind!“*

„Kinder, es reicht! Krissoula, du hilfst deiner Mutter jetzt auf der Stelle. In zwei Jahren wirst du heiraten und hast nicht mal richtig kochen gelernt. Und auch das Spinnen und Weben könnte dir noch besser von der Hand gehen. Und du, Nikos, geh zu Pheistos, damit er dich zur Schule geleite. Ich hoffe, du hast deinen Homer gut auswendig gelernt.“

Das Machtwort des Vaters beendet den morgendlichen Streit und Nikos trottet vor Pheistos her zur Schule. Dieser schleppt seine Bücher, die Tafel und ein merkwürdiges Instrument, denn Nikos hat heute in der Schule Musikunterricht.

Unterwegs treffen die beiden noch Nikos’ Freund Dimitros. Vergessen sind die Wachstafeln und der Lyraunterricht. Es geht bis zur Schule für die beiden nur noch um die Disziplinen, die sie heute im Sportunterricht für den Fünfkampf trainieren werden.

Vergleiche den Tagesablauf des Jungen mit dem seiner Schwester. Liste Unterschiede und Gemeinsamkeiten in einer Tabelle auf.

Mädchen	**Junge**

Diese Vasenmalerei zeigt dir zwei typische Unterrichtsszenen:
Wir sehen Lehrer, Schüler und den Pädagogos (Knabenführer).

1. Wer ist wer? Beschrifte die Zeichnung!
2. Welche Aufgabe hat der Pädagogos wohl während des Unterrichts zu erfüllen?
3. Beschreibe die Schulszene.
   Erkennst du Unterschiede zum heutigen Schulleben? Welche Gemeinsamkeiten gibt es?

5. Auf der Agora

Marktszenen

Krissoula und ihre Mutter Dimitra kennst du vielleicht schon aus dem Kapitel, in dem es um die griechische Schule ging (s. S. 57f.). Krissoula hatte den Ärger mit ihrem Bruder Nikos an diesem Morgen schnell vergessen. Sie half ihrer Mutter tüchtig bei der Hausarbeit. Sie verdrückte sich nicht einen winzigen Augenblick, so wie man es ansonsten von ihr gewohnt war. Sie hatte dabei allerdings einen Hintergedanken. Von Miro, der Sklavin, die Mutter bei ihrer täglichen Arbeit zur Hand ging, hatte Krissoula erfahren, dass heute auf der Agora eingekauft werden sollte.

Schon lange war sie nicht mehr dort gewesen. Meist ging Mutter mit Miro allein, während sie dann das Haus hüten musste. Dabei liebte sie die Agora. Die Agora war für Krissoula eine Welt voller Zauber, völlig das Gegenteil zu dem Leben hier in diesem stillen Haus. Heute musste sie einfach mit. Geschafft! Krissoula hatte so lange gebettelt, bis ihre Mutter zugestimmt hatte. Miro hatte auch noch ein gutes Wort für sie eingelegt, weil sie so fleißig gewesen war.
Es war noch viel schöner, turbulenter, aufregender, als Krissoula es sich zu Hause vorgestellt hatte. Sie hatte Zeit bekommen sich umzusehen, während Mutter und Miro einkaufen wollten.
Krissoula fühlte sich wie neu geboren. Sie sog all den Trubel, die intensiven Gerüche der ganzen Marktstände, das Gedränge und Geschiebe, dieses Wirrwarr an Worten, Geschrei und Musik in sich auf. Die Marktschreier überboten sich gegenseitig. Trauben von kleinen Kindern hatten sich um die Puppenspieler, Akrobaten und Zauberer geschart, die überall zwischen den Ständen ihr Programm darboten.

Pah, dafür war sie schon viel zu erwachsen. Hatte nicht ihr Vater heute morgen gesagt, dass sie in zwei Jahren heiraten würde ...? Krissoula konnte den Gedanken nicht mehr zu Ende denken, denn hinter ihr, an einem Marktstand, erhob sich plötzlich ein riesiges Geschrei. Sie sah, wie die Marktaufseher gerannt kamen. Sie erkannte mitten in der aufgebrachten Menge einen Händler und ... zu ihrem Entsetzen Miro, die mit zwei Waagengewichten in den Händen so Furcht erregend um sich fuchtelte, dass sich niemand nah zu ihr heran traute. Den Händler hielten bereits so viele Frauen fest – unter ihnen erkannte Krissoula jetzt auch ihre Mutter –, dass die Marktaufseher ihn direkt ergreifen konnten.
„Dich kennen wir hier ja schon, du Betrüger!“, hörte Krissoula die Aufseher sagen. „Sollten deine Gewichte wieder mal nicht stimmen, dann wirst du aus der Stadt verbannt werden!“ Krissoula flog wie ein Pfeil auf ihre Mutter zu, die sie direkt in ihre Arme schloss.

„Am besten kommst du mit uns, wenn du was erleben willst“, lachte die Mutter und zog sie zu dem Stand eines Geldwechslers. Mutter hatte von ihrer Reise nach Ephesos noch ein paar Münzen, die „Bienen“ übrig, die sie nun in die „athenischen Eulen“ wechseln wollte. Doch vollständig gelang ihr das nicht, denn Krissoula bettelte so lange, bis Mutter ihr eine „Biene“ überließ. Krissoula hatte sich schon zu Hause in diese Münzen verliebt, sodass sie die eine jetzt wie einen Schatz bei sich trug.

Was hat euch auf der Agora am besten gefallen?
Sucht euch eine kleine Szene aus und malt sie auf Zeichenblockpapier.
So ergeben alle eure Bilder, an der Wand des Klassenzimmers aufgehängt, ein wunderschönes Bild vom bunten Treiben auf einem antiken Markt.

In der Töpferei

Der Besuch der Agora endete mit dem Einkauf in einer Töpferei. Zunächst ließen sich Dimitra und Miro Haushaltsgeschirr zeigen. Krissoula interessierte sich mehr für die Amphoren und Vasen. Ein Sklave trug gerade mehrere davon in den Verkaufsraum. Plötzlich stolperte er. Krissoula sah, wie er noch versuchte zu retten, was zu retten war.
Artistisch balancierte er, schon im Fallen, die drei Amphoren auf seinen Armen. Es war ein kleines Wunder, dass nur eine zerbrach. Krissoula stand erst wie versteinert.
„Die schöne Vase!" Doch dann war sie schon zur Stelle, half dem Sklaven die Scherben einzusammeln und ordnete sie sorgfältig auf einem Tisch an. Es waren nicht allzu kleine Stücke, höchstens zehn, die man mit einiger Mühe sogar wieder zusammensetzen konnte. Krissoula hatte wirklich Geschick. Sie fand schnell heraus, welche Teile zusammenpassten.
Bald war wieder das Motiv der Vase erkennbar. Es zeigte Männer bei der Olivenernte. Während Krissoula die einzelnen Stücke mit dem Sklaven zusammensetzte, erzählte sie, was sie alles über Oliven wusste. Ja, Oliven waren zur damaligen Zeit noch wertvoller als heute. Sie plauderte von den Lampen, die bei ihr zu Hause mit Olivenöl brannten. Noch heute Morgen hatte sie nach dem Bad Olivenöl als Körperöl benutzt. Natürlich nicht aus der Flasche, mit der man die Öllampe füllte. Zum Kochen wurde es zu Hause auch benutzt. Natürlich war das wieder eine andere Flasche. Aber in allen war Olivenöl.
Na, und dann schmeckten diese Oliven natürlich auch noch köstlich. Sie kannte sich sehr gut aus mit Oliven und redete die ganze Zeit auf den Sklaven ein, den allerdings ihre Geschicklichkeit mehr interessierte als ihre Redekunst.

Hier siehst du die zerbrochene Vase. Bist du genauso geschickt wie Krissoula? Schneide die Teile aus (Kopie!) und füge sie zum Original wieder zusammen.

Mutter und Miro hatten wirklich schönes Geschirr gefunden. Erst zu Hause sah Krissoula die schönen Verzierungen auf den Tellern.
Hier siehst du einige Beispiele:

Das ist doch bestimmt auch etwas für dich.
Bemale den Teller mit griechischen Ornamenten. Lass dir selbst noch andere Verzierungen einfallen.

Ganz Geschickte können mit Keramikfarbe (Ceramica) auch richtige Teller bemalen, die dann im Backofen 30 Minuten lang bei 160 Grad gebrannt werden können. Verschont aber bitte das Sonntagsgeschirr, wenn ihr Ärger mit euren Müttern vermeiden wollt.

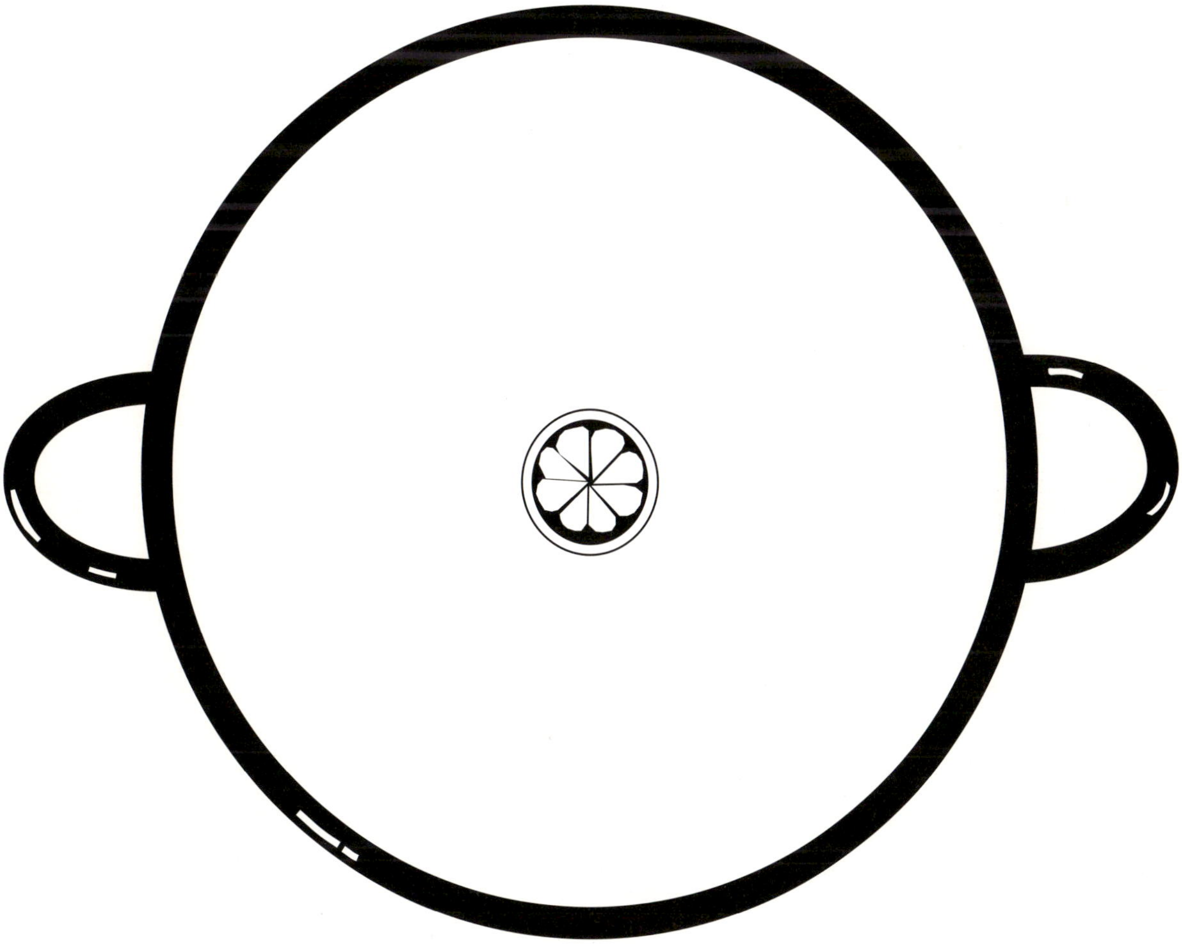

6. Antike griechische (Kinder-)Spiele

Was spielte man damals?

Krissoula, die du vielleicht noch aus dem Kapitel auf der Agora (s. S. 59ff.) kennst, schluchzte hemmungslos. Große, dicke Tränen liefen über ihr Gesicht. Sie stand vor einem großen Berg mit Spielzeugen. Die Mutter hatte ihr befohlen, all ihre Spiele aus allen Ecken des Hauses zusammenzutragen. Das war zwar ganz schön mühselig gewesen, es war jedoch nicht der Grund für Krissoulas große Trauer.

Heute Morgen hatte Mutter endgültig darauf bestanden, was sie schon seit langem angekündigt hatte.
Heute war der Tag gekommen, an dem sich Krissoula von all ihren Kinderspielen trennen musste. Sie war schon vor längerer Zeit 12 Jahre alt geworden und damit betrachtete man sie bereits als junge Erwachsene. Wenn diese Phase im Leben eines Mädchens oder eines Jungen erreicht war, mussten sie sich von allen Kinderspielen trennen. Alle Spielzeuge wurden dann dem Gott Apoll oder der Göttin Artemis geopfert.
Stellt euch vor, ihr müsstet euch heute von all euren Spielzeugen trennen, dann wärt ihr bestimmt genauso traurig wie Krissoula.
Krissoula hockte nun also vor diesem Berg von Spielsachen und sortierte aus. Nicht alle Spiele, die sie gefunden hatte, waren reine Kinderspiele. Die würde sie behalten. Bei ihrer Suche hatte sie sogar noch ein paar Spiele von Niko, ihrem Bruder, gefunden, der vor zwei Jahren geopfert hatte. Krissoula wunderte sich darüber, dass Niko wohl so mutig gewesen war, ein paar seiner Spielzeuge zu verstecken, so dass sie damals nicht geopfert worden waren.
So mutig war Krissoula nicht. Sie fürchtete die Rache der Göttin, aber auch eine mögliche Strafe ihrer Eltern.

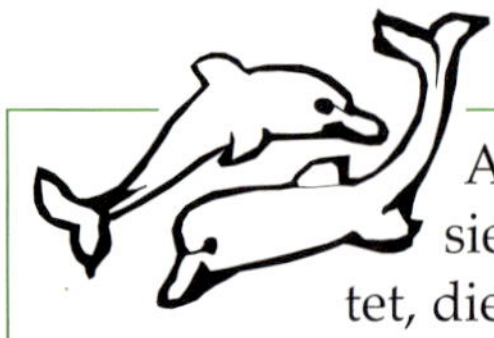

Auf den Seiten 63 und 64 siehst du alle Spielzeuge aufgelistet, die auf dem großen Berg liegen.

- In Spalte a setzt du ein Kreuz, wenn du meinst, es sei Krissoulas Spielzeug.
- In Spalte b kommt ein Kreuz, wenn du meinst, es habe Niko gehört.
- Du kreuzt a und b an, wenn du der Meinung bist, dass beide damit gespielt haben.
- Spalte c erhält ein Kreuz, wenn es dieses Spielzeug auch heute noch gibt.
- In Spalte d trägst du Zahlen ein. 1 erhält das Spielzeug für das jüngste, 19 das für das älteste Kind.
- Die letzte Spalte schmückst du mit einem Bild.

Spielzeug	a	b	c	d	So stelle ich mir das Spielzeug vor, wie es griechische Kinder kannten
Das Knöchelspiel Würfel aus den Knochen (Hufen) von Tieren					
Brettspiele					
Ein hölzernes Puzzle ähnlich dem Tangram					
Wurfringe					
Eine Wippe					
Ein Tau zum Tauziehen					
Marionetten					
Ein Kugelspiel ähnlich dem Boule					

Spielzeug	a	b	c	d	So stelle ich mir das Spielzeug vor, wie es griechische Kinder kannten
Ein großer hölzerner Reifen					
Ein Spielpferd					
Eine Babyrassel					
Ein „Kampf-“ und „Streitwagen“					
Ein Kreisel					
Eine Schaukel					
Eine Gliederpuppe					
Bälle					
Ein Jo-Jo					

❑ Blockade – ein Beispiel für ein antikes Brettspiel

Das folgende Brettspiel hat seinen Ursprung in Griechenland oder im Nahen Osten. Wie es tatsächlich gespielt wurde, ist nicht überliefert. Wir haben ihm den Namen **Blockade** gegeben. Euch fällt bestimmt ein viel spannenderer ein. Einiges kann jedoch rekonstruiert werden. Durch das hier notierte Gerüst an Spielregeln wird es zunächst spielbar, lässt aber noch jede Menge eigener Ideen zu.
Wir haben drei Varianten für euch entwickelt und getestet. Lasst euch nicht davon abhalten, noch viele andere zu überlegen und auszuprobieren.

Variante 1:
Gespielt wird auf einem 8 x 7 Spielfeld.
Spieler A belegt die unterste Reihe mit 8 weißen, Spieler B die oberste Reihe mit 8 schwarzen Steinen. Ziehen darf man vor, zurück, rechts und links (so weit man kann).
Gelingt es dabei, <u>einen</u> gegnerischen Stein mit zwei eigenen davor <u>und</u> dahinter oder rechts <u>und</u> links zu „blockieren", so darf dieser Stein entfernt werden.
Sieger ist, wer am meisten Steine geschlagen hat.

Variante 2:
Spieler A belegt die untersten beiden Reihen mit 16 weißen, Spieler B die obersten beiden Reihen mit 16 schwarzen Steinen (sonst wie Variante 1).

Variante 3:
Wie Variante 1 oder 2. Zusätzlich sind auch Züge in Diagonalrichtung erlaubt.
Die Schlagregel bleibt gleich.

<u>Hinweis:</u>
Bei allen Varianten ist es nicht gestattet, so zu ziehen, dass der eigene Stein zwischen zwei gegnerischen „blockiert" ist.

In eurer Griechenland-Mappe könnt ihr eigene Spielregeln für „Blockade" notieren! Viel Spaß!!!

Das Blockade-Spielfeld

1	2	3	4	5	6	7	8
1	2	3	4	5	6	7	8

7. Antike Kriegsführung

❐ Kriegs-Domino

Auf den folgenden zwei Seiten siehst du Kärtchen, die wie Domino-Steine aussehen. Schneide alle Domino-Steine aus (Kopie!).

Beginne mit dem Domino-Steinchen, auf dem das Wort START steht.

Welches Steinchen als nächstes passt, musst du schon selbst herausfinden.

Gehst du dabei geschickt und richtig vor, so erhältst du eine ganze Geschichte über griechische Kriegstechnik und -führung.

Aber halt!
Wer wird denn alles hintereinander legen wollen?

Deine Geschichte wird erst dann richtig lesbar, wenn du die Domino-Steinchen als Mäander legst.

Die Form dieses Mäanders erkennst du neben diesem Text.

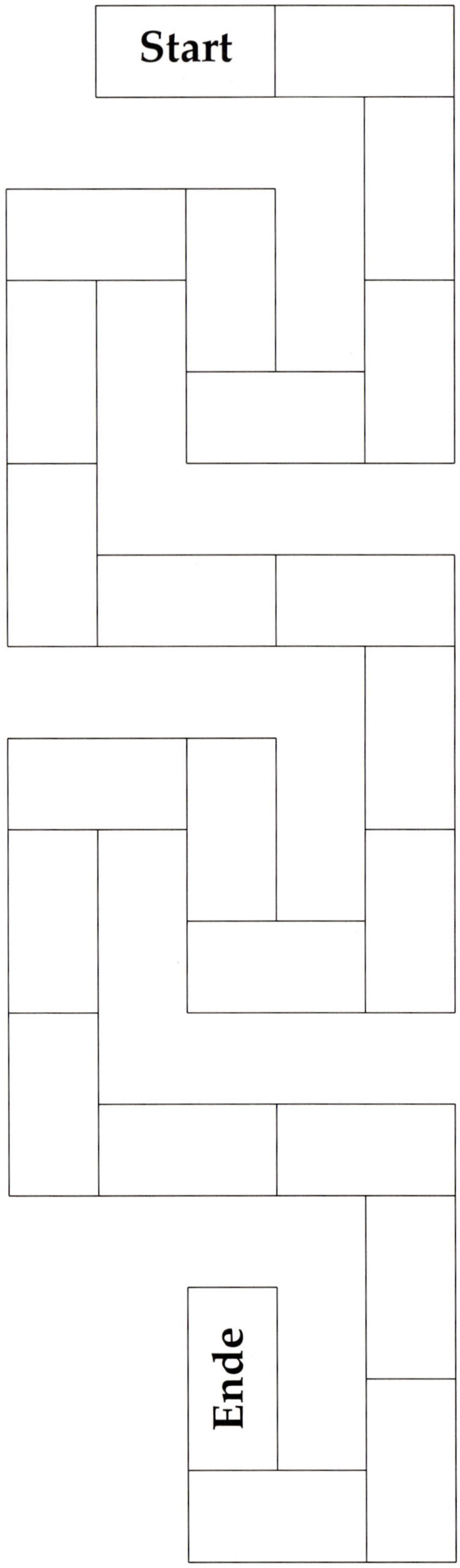

Das magische Auge sollte den Weg „beobachten“ und böse Geister abwehren.	Auf jeder Seite des Hecks befand sich ein Steuerruder.
Die kleinen, wendigen Trieren waren den großen, plumpen Schiffen der Perser weit überlegen.	In der Seeschlacht bei Salamis, vernichteten 200 Trieren die überlegene Perserflotte.
Der Brustpanzer aus Bronze bestand aus zwei Teilen, die mit Lederriemen zusammengehalten wurden.	Der Träger des Helmes sollte so noch größer und Furcht erregender aussehen.
Das Segel bestand aus Leinen. Im Kampf wurde es eingeholt.	Eine Triere sollte wie ein bedrohliches Seeungeheuer aussehen.
Mit dem Steuerruder lenkte man die Triere in die gewünschte Richtung.	Vorne hatte ein Kriegsschiff einen Rammsporn aus Bronze.
Zu den „Leichtbewaffneten“ ohne Rüstung gehörten Bogenschützen und Speerwerfer.	Sie bedienten auch die Kriegsmaschinen.

Kriegsmaschinen wurden zur Verteidigung und Eroberung von Städten benutzt.	Es gab Belagerungstürme, die höher als die Stadtmauern waren.
Zur Athener Flotte gehörten bis zu 300 Kriegsschiffe.	Das schnellste griechische Kriegsschiff hieß Triere.
Athen verfügte aber auch über eine große Kriegsflotte.	Mit Katapulten konnte man Steine, Pfeile oder Brandfackeln abschießen.
In geschlossenen Schlachtreihen marschierten sie, ein Kampflied singend, auf den Gegner zu.	Auf Befehl stießen sie dann mit dem Speer zu.
So blieben die Seiten ungeschützt. Hier war der Soldat leicht zu verwunden.	Der Hoplit trug gefährliche Waffen.
START	An der Spitze des Heeres standen 10 Strategen (strategoi).

Den Schwanz des Seeungeheuers bildete eine fächerförmige Verzierung am Heck.	Am Bug war auf jeder Seite ein Auge aufgemalt.
Sie gaben Befehle und dachten sich Kriegsstrategien aus.	Die Kerntruppe bestand aus schwer bewaffneten Fußsoldaten.
Insgesamt waren es 170 Ruderer.	Es hieß Tri(3)ere, weil es auf jeder Seite 3 Reihen von Ruderern hatte.
Diese Ruderer waren freie Männer, die das Rudern als ehrenwerten Kriegsdienst ansahen.	Eine Triere hatte aber auch ein Segel.
Es gab aber auch Soldaten, die sich keine Rüstung und keine teuren Waffen leisten konnten.	Diese Soldaten wurden „Leichtbewaffnete" genannt.
Die Hopliten kämpften in einer Phalanx: Schulter an Schulter mit erhobenen Schilden.	Zur Bewaffnung eines Hopliten gehörten Schwert und Lanze.

Mit dem Rammsporn wurden die gegnerischen Schiffe aufgeschlitzt.	Die Athener gewannen mithilfe der Trieren wichtige Seeschlachten.
Zur Rüstung eines Hopliten gehörten: Helm, Brustpanzer, Beinschienen, Rundschild.	Der Helm war oft mit einem Helmbusch aus Pferdehaaren geschmückt.
Von den Belagerungstürmen aus konnten Bogenschützen und Speerwerfer die Stadt beschießen.	Archimedes war der Erfinder der Katapulte.
Die Fußsoldaten wurden Hopliten genannt (Hoplon = Schild).	Die Hopliten trugen eine Rüstung.
Ohne ihre Kriegsflotte hätten die Athener das übermächtige Perserheer nicht besiegt.	**Ende**
Starb ein Soldat in der vorderen Reihe der Phalanx, rückte sofort der Hintere nach.	Rüstung und Waffen mussten die Krieger selbst bezahlen.

❐ Antike Kriegsgeräte

Nachdem du beim Kriegs-Domino viel über die Kriegsausrüstung und Kriegsstrategien der Griechen gelernt hast, wird es dir nicht mehr schwer fallen, die folgenden Begriffe den Zeichnungen zuzuordnen und anschließend alles aufzuschreiben, was du darüber weißt.
Beschrifte auch alle Einzelteile, die du kennst.
In Zweifelsfällen kannst du deine „Dominosteinchen" um Rat fragen.
Begriffe: HOPLIT, TRIERE

▲ ______________________

____
____
____
____
____
____
____

◀ ______________________

____
____
____
____
____
____
____

Die Begriffe: PHALANX, KATAPULT, BELAGERUNGSTURM hast du auch kennen gelernt. Hier reicht es, wenn du alles notierst, was du über diese Begriffe weißt. Verfügst du über Kenntnisse der Einzelheiten, so darfst du sie natürlich auch beschriften.

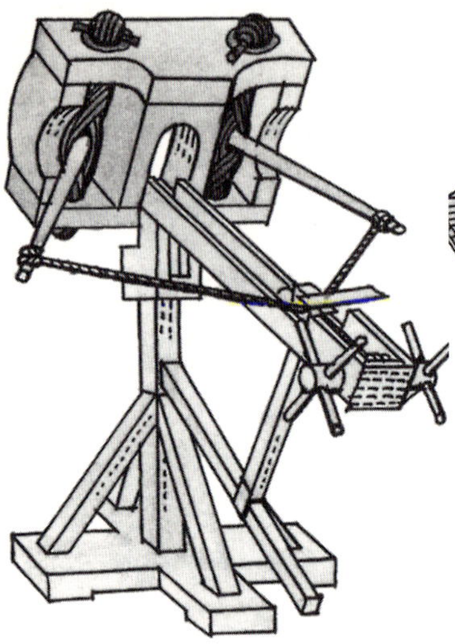

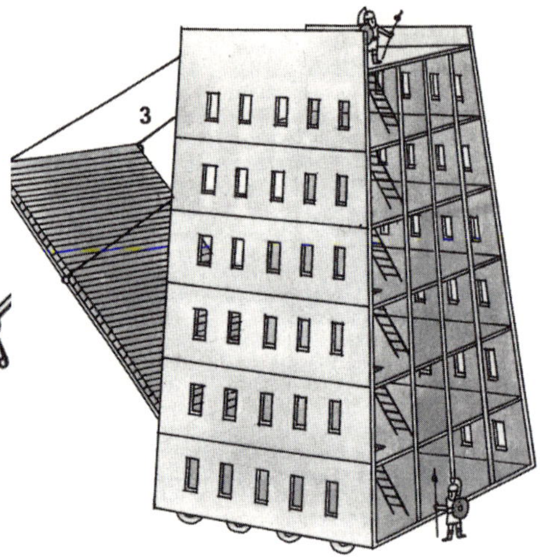

❐ Bastelanleitung zur griechischen Triere

Die Bastelvorlage auf S. 72/73 ist als Schablone gedacht.

Vor dem Ausschneiden müssen die Teile auf stärkeres, aber trotzdem biegsames Papier (leichter Tonkarton) fotokopiert werden. Dabei ist darauf zu achten, dass einige Teile doppelt oder sogar mehrfach angefertigt werden müssen (s. Anweisungen auf der Schablone).
Es empfiehlt sich eine Vergrößerung auf DIN-A 3.
Eine farbige Gestaltung lässt sich auch noch anbringen, wenn die Triere fertig ist. Du kannst sie dann ebenfalls mit Symbolen und Ornamenten schmücken. Jetzt sind aber erst einmal Schere und Klebstoff interessant.
Bodenteil 1 und 2 ausschneiden. Teil 2 an der Stoßlinie an Teil 1 ankleben. Glatte wie gezackte Ränder nach oben knicken. Die hintere (lange) Spitze schon vorformen.
Dann den Boden an die beiden Rumpfteile kleben. Anschließend wird der Stirnstreifen ausgeschnitten. Die Zacken werden auch hier gegeneinander nach oben gebogen. Bevor er am Bug befestigt werden kann, muss er über entsprechend runden Gegenständen der S-Form des Bugs angepasst werden. Im unteren Teil des Bugs beginnend, werden die Zacken des Stirnstreifens zunächst auf einer Seite mit der einen, anschließend (wenn der Klebstoff getrocknet ist) mit der anderen Bugseite verbunden.
Jetzt den Rammsporn ausschneiden, vorformen und an der Klebefläche zum Kegelstumpf zusammenfügen. Zur Anbringung und Ausgestaltung der Rammspitze s. Hinweise auf der Schablone.
Danach die beiden Ruderräume ausschneiden und laut Schablone ankleben.
Eigentlich verfügt eine Triere, worauf der Name schon hinweist, über Ruderräume mit drei gestaffelt angeordneten Reihen von Riemen (Rudern). Aus Gründen der Vereinfachung beschränkt sich der Nachbau auf eine Ruderreihe.
Den mit ☼ gekennzeichneten Teil der Reling (2-mal) an den Seiten einschneiden und im 90°-Winkel zum Schiffsinnern abknicken (sodass eine Auflage für das Deck entsteht).
Das doppelte Aphlaston zwischen die scheibenförmigen Heckenden kleben. Nun das Deck vorbereiten und die Mastbuchse sowie den Mast fertigen.
Mastbuchse von unten durch die Öffnung im Deck schieben und ca. 1 cm herausragen lassen. Klebstoff an die Deckzacken geben, das Deck vorsichtig auflegen, die Mastbuchse sanft auf den Boden drücken und mithilfe des Mastes senkrecht stellen (Mast nicht festkleben).
Nun am Heck einen Auflagewinkel so platzieren, dass das Deck dort aufliegt. Deck befestigen und Bug auskleiden (s. Schablone). Es fehlen noch das Segel (Hinweis s. Schablone) und die Bemalung.
Für Ruder und Ruderblätter eignen sich nahezu alle leichten Hölzer (wie z.B. Schaschlikspieße).

Alles Weitere bleibt deiner Fantasie überlassen.

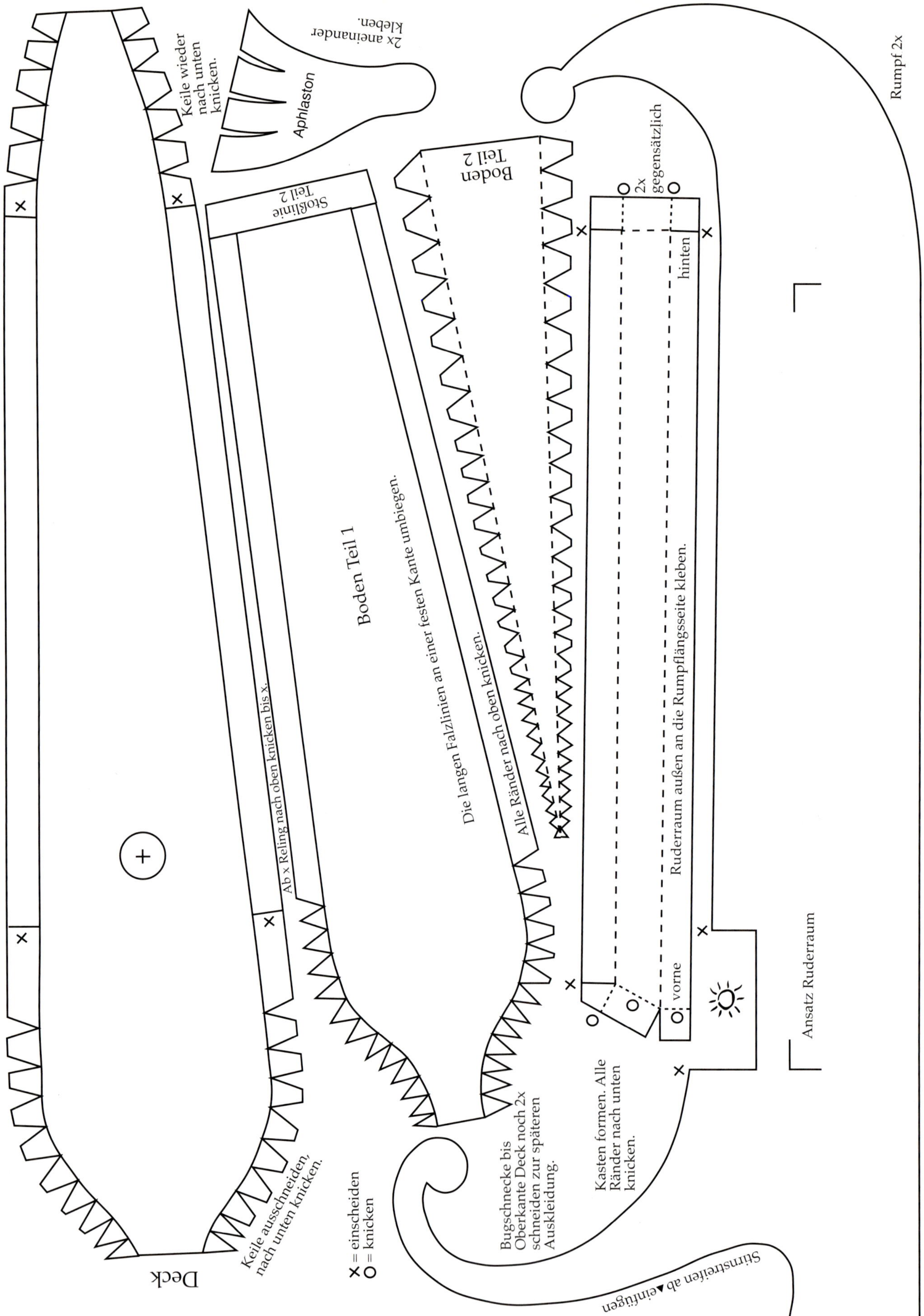
Keile wieder nach unten knicken.
2x aneinander kleben.
Aphlaston
Boden Teil 2
Stoßlinie Teil 2
2x gegensätzlich
hinten
Rumpf 2x
Boden Teil 1
Die langen Falzlinien an einer festen Kante umbiegen.
Alle Ränder nach oben knicken.
Ab x Reling nach oben knicken bis x.
Ruderraum außen an die Rumpflängsseite kleben.
vorne
Ansatz Ruderraum
Kasten formen. Alle Ränder nach unten knicken.
Bugschnecke bis Oberkante Deck noch 2x schneiden zur späteren Auskleidung.
Stirnstreifen ab ▸ einfügen
Keile ausschneiden, nach unten knicken.
Deck
× = einscheiden
○ = knicken

Das Segel aus Papier oder Stoff. Evtl. durch Nähte trimmen (bauchig). Die Form ist ein Trapez.

Höhe	ca. 16 cm (DIN-A3)	ca. 11,3 cm (DIN-A4)
Unterkante	ca. 26 cm (DIN-A3)	ca. 18,4 cm (DIN-A4)
Oberkante	ca. 22 cm (DIN-A3)	ca. 15,6 cm (DIN-A4)

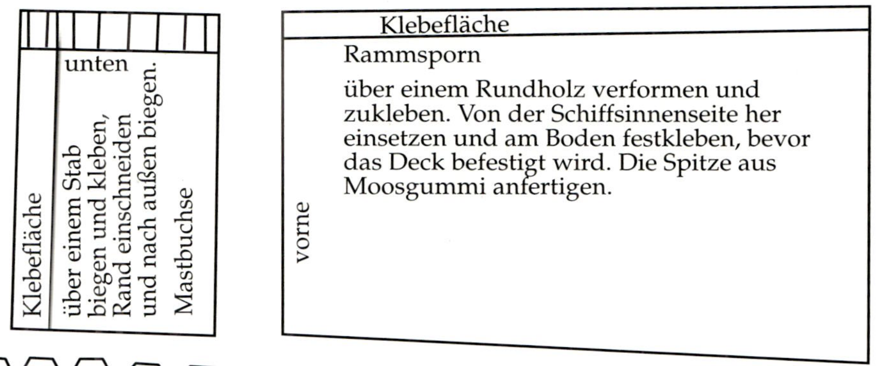

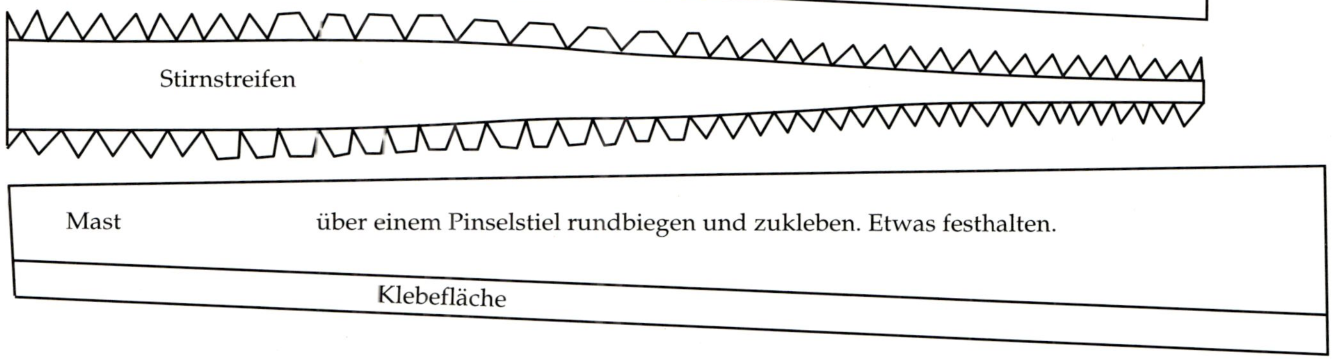

8. Ein Gegensatz zur Polis Athen – der Stadtstaat Sparta

Spartanische Erziehung

Noch heute sprechen wir von „spartanisch" eingerichteten Räumen, von „spartanischer" Erziehung, von „spartanischem" Essen und ganz allgemein von einer „spartanischen" Lebensweise.

Weißt du eigentlich, was „spartanisch" bedeutet? Teste dich selbst!

richtig	falsch	
☐	☐	Spartanische Lebensweise ist der absolute Luxus.
☐	☐	Das Klassenzimmer ist spartanisch eingerichtet.
☐	☐	Spartanische Kleidung ist cool.
☐	☐	Spartanische Strafen sind die besten.
☐	☐	Spartanisches Essen ist teuer und nur etwas für Feinschmecker.
☐	☐	Dein Zimmer ist spartanisch eingerichtet.
☐	☐	Zu Hause bekommst du spartanisches Essen.
☐	☐	Spartanische Wohnungseinrichtungen sind die besten.
☐	☐	Du möchtest nur noch spartanisch leben.
☐	☐	In deiner Schule wirst du spartanisch erzogen.
☐	☐	Du trägst am liebsten spartanische Kleidung.
☐	☐	Unser Schulkiosk hat ein spartanisches Angebot.
☐	☐	Von spartanischem Essen würdest du nicht satt.
☐	☐	Spartanisch ist bei uns höchstens der Keller eingerichtet.
☐	☐	Wer an deiner Schule gegen die Schulordnung verstößt, wird spartanisch bestraft.

Was es bedeutete, als Spartaner auf die Welt zu kommen und in dieser Polis „spartanisch" zu leben, erzählt uns der griechische Geschichtsschreiber Plutarch:

Wurde in Sparta ein Kind geboren, musste der Vater das Neugeborene untersuchen lassen. Wenn es gesund und kräftig war, blieb es in der Familie. War es aber schwach und kränklich, so wurde es in einer Gebirgsschlucht ausgesetzt und musste verhungern.
Die Kinder, die in den Familien aufwachsen durften, wurden von Anfang an dazu erzogen, allein oder im Dunkeln keine Angst zu haben, nicht zu weinen und nicht launisch zu sein. Aber keine Familie durfte einen Sohn länger als sieben Jahre bei sich behalten. Sobald die Jungen sieben Jahre alt waren, wurden sie in „Horden" eingeteilt und lebten in Zeltlagern zusammen. Die einzelnen Horden, die von erwachsenen Kriegern überwacht wurden, kämpften häufig gegeneinander. Zum Führer der Horde wählten die Jungen denjenigen, der sich durch Klugheit und Mut im Kampf ausgezeichnet hatte. Ihn bewunderten die Jungen, hörten auf seine Befehle und unterwarfen sich seinen Strafen. So bestand die Erziehung vor allem darin, Gehorsam einzuüben.
Lesen und Schreiben lernten sie nur so viel, wie sie brauchten. Wichtiger war es, dass sie lernten zu gehorchen, Anstrengungen zu ertragen und im Kampf zu siegen.
Sobald sie zwölf Jahre alt waren, gingen sie stets ohne Unterkleidung, bekamen nur einen Mantel im Jahr, waren am ganzen Körper schmutzbedeckt und durften weder baden noch sich eincremen. Sie schliefen auf Schilf, das sie sich selbst besorgen mussten.

Nachdem dich Plutarch über die Bedeutung des Wortes „spartanisch" aufgeklärt hat, geben wir dir eine neue Chance. Du darfst auf der nächsten Seite den Test noch einmal ausfüllen.
Bei erneutem falschen Ankreuzen drohen dir „spartanische" Strafen.

richtig	falsch	
☐	☐	Spartanische Lebensweise ist der absolute Luxus.
☐	☐	Das Klassenzimmer ist spartanisch eingerichtet.
☐	☐	Spartanische Kleidung ist cool.
☐	☐	Spartanische Strafen sind die besten.
☐	☐	Spartanisches Essen ist teuer und nur etwas für Feinschmecker.
☐	☐	Dein Zimmer ist spartanisch eingerichtet.
☐	☐	Zu Hause bekommst du spartanisches Essen.
☐	☐	Spartanische Wohnungseinrichtungen sind die besten.
☐	☐	Du möchtest nur noch spartanisch leben.
☐	☐	In deiner Schule wirst du spartanisch erzogen.
☐	☐	Du trägst am liebsten spartanische Kleidung.
☐	☐	Unser Schulkiosk hat ein spartanisches Angebot.
☐	☐	Von spartanischem Essen würdest du nicht satt.
☐	☐	Spartanisch ist bei uns höchstens der Keller eingerichtet.
☐	☐	Wer an deiner Schule gegen die Schulordnung verstößt, wird spartanisch bestraft.

Aus dem Plutarch-Text kannst du herauslesen, welche Eigenschaften der ideale Spartaner-Junge haben sollte. Liste sie auf. Gelten diese Eigenschaften auch heute noch? Welche Eigenschaften sind heute gefragt?

- Informiere dich (z. B. in deinem Geschichtsbuch) über die Erziehung der Mädchen und berichte darüber.
- Diskutiert darüber, welche Eigenschaften spartanische Mädchen, Mädchen bei uns oder auch Mädchen in anderen Ländern haben sollten.

Wenn ihr wissen wollt, warum die Spartaner so „spartanisch" gelebt haben, lest einfach den folgenden Text:

Eingewanderte Dorier unterwarfen die Urbevölkerung Lakoniens, gründeten die Polis Sparta und nannten sich Spartaner. Nachdem sie auch die Bevölkerung des Nachbarlandes unterworfen und versklavt hatten, standen nun 10 000 spartanischen Kriegern rd. 200 000 Sklaven (Heloten) gegenüber. Die Probleme, die sich aus dieser Situation für die Spartaner ergaben, beschreibt der Grieche Kritias so:
„Aus Misstrauen gegen die Heloten geht der Spartaner immer mit einem Speer in der Hand umher, in der Meinung, auf diese Weise den Heloten überlegen zu sein, wenn es wieder zu Unruhen und Aufständen kommt. Sie haben sich auch einen Türverschluss ersonnen, der, wie sie glauben, das Eindringen der Heloten abwehren kann. Das bedeutet doch, ständig in Furcht zu leben, wobei man nicht aufzuatmen wagt wegen des Schrecklichen, das man ständig erwartet. Wie können denn Menschen ... wahrhaft die Freiheit genießen, die beim Frühstück, beim Schlafen und jeder Beschäftigung die Furcht vor ihren Sklaven dazu zwingt, gerüstet und gewappnet zu sein?"

Ein Junge in Sparta sollte:	Ein Junge der heutigen Zeit sollte:

❐ Live – Reportage von der Agora in Sparta

Eisenhart, diese Spartaner! Was halten die Spartaner selbst von ihrer spartanischen Lebensweise? Wie fühlt man sich als Spartaner?
Um hierüber mehr zu erfahren haben wir unseren LERNERLEBNIS-Reporter Aristoskopos direkt vor Ort in die Polis Sparta geschickt. Hier seine Reportage:

15 Tage nach meiner Abreise aus Athen stehe ich nun in der Mittagshitze auf der Agora von Sparta. Dass sie sich überhaupt trauen, diesen Platz ‚Agora' zu nennen ... Wachen, ja überall Wachen, von denen ich kontrolliert worden bin. Frauen und Kinder? Marktstände, Händler mit Waren aus fremden Ländern? Fehlanzeige! Krieger? Jede Menge! Ja, spartanische Krieger, über die ich berichten will, sind überall. Barfuß alle, durchtrainiert bis zu den Haarwurzeln. Viele laufen sogar hier auf der Agora mit ihren Rüstungen herum.
Stolz schreiten einige an mir vorbei in ihren roten Ehrenmänteln. Keines Blickes würdigen sie mich. Waffen tragen sie fast alle. Manche kämpfen sogar hier gegeneinander. Bin ich auf der Agora oder auf einem Kasernenhof? Ich versuche jetzt mal einen Spartaner direkt anzusprechen ... Doch was ist das? .... Steine! Sie bewerfen mich mit Steinen! .... Au! .... Fast hätte mich ein Stein am Kopf getroffen. Jetzt verhöhnen sie mich auch noch, weil ich mich vor Schreck hinter einer Kriegerstatue versteckt habe. Wie sie mich auslachen und als Feigling beschimpfen! Sie wollen mich zum Kampf herausfordern. Also nix wie weg hier! ... Ich habe mich jetzt auf einen einsamen Hinterhof geflüchtet. Zeus sei Dank! Sie sind mir nicht gefolgt. Und mein Interview? Wie es scheint, lässt sich kein Spartaner von einem Fremden ausfragen. So stehe ich hier, enttäuscht, entmutigt, gedemütigt ... Doch was sehen meine Augen denn da ??? Wie aus dem Boden gestampft steht plötzlich eine Witzfigur vor mir: lächerliche Kleidung und Bart nur auf einer Gesichtshälfte! Rechts zugewachsen und links nicht. Aber immerhin der Erste, der offensichtlich mit mir sprechen will.
„Na, Athener, du Feigling, ich kann dich gut verstehen, dass du dich hierher geflüchtet hast", begann er. „Sieh mich an, Leidensgenosse. Dieser einsame Hinterhof ist jetzt meine Welt. Noch vor einem Jahr gehörte ich auch zur ehrenvollen Gemeinschaft aller spartanischen Krieger. Den ganzen Tag lang übten wir uns im Gebrauch der Waffen, gingen zur Jagd oder überwachten die Ausbildung der Jungen. Bis mir dann ein einziges Mal vor einer wichtigen Schlacht schlecht geworden ist; ja, ich hatte Angst, mir war schlecht vor Angst. Seitdem bin ich als Feigling verschrien. ‚Zitterer' nennen sie mich, als komische Figur mit halb abrasiertem Bart muss ich hier herumlaufen, von allen verhöhnt und geschlagen. Aus Angst davongelaufen ... eine Schande bin ich für das ganze spartanische Volk. Selbst meine Mutter hat mich verstoßen. Wäre ich doch lieber tot als entehrt aus dem Krieg zurückgekehrt! Und wie stolz war ich doch immer darauf, ein Spartaner zu sein. Haben wir nicht schon unzählige Beweise unserer Tapferkeit abgelegt? Was soll aber ein Feigling wie ich in einer Stadt, in der Leben Krieg und Krieg Leben ist? Athener, nimm mich mit. Verhilf mir zur Flucht. Vielleicht schaffen wir es gemeinsam."

So endet unsere Reportage aus Sparta ...
Na, wir hätten sie ja nicht drucken können, wenn nicht beide wohlbehalten in Athen angekommen wären.

Liste auf, was du über das Leben der Spartaner erfahren hast. Benutze dazu die Informationen, die unser Reporter auf der Agora und im Hinterhof gesammelt hat.

❒ Unglaublich – diese Spartaner!

In den unteren Text sind die nebenstehenden Wörter einzusetzen. Eine Kleinigkeit für dich. Aber trotzdem: Selbst wenn du alles richtig machst, sind die Aussagen fast unglaublich, aber wahr!

Blutsuppe, barfuß, Kleider, dienen, erwischen, stehlen, Eisenbarren, Disteln, kurz und knapp, Tempel, Freund, scherzen, verreisen, ausgepeitscht, Scham, Peitschenhiebe, in Zeltlagern, bissen

Wusstest du, dass ...

❒ spartanische Jungen extra wenig zu essen bekamen, damit sie sich etwas zu essen ______________ mussten?

❒ spartanische Jungen einmal im Jahr im ______________ ausgepeitscht wurden um ihre Härte und ihr Durchhaltevermögen zu testen?

❒ der, der die meisten ______________ ertragen konnte, als der Tapferste galt, wenn er nicht vorher verblutet war?

❒ spartanische Jungen nicht dafür bestraft wurden, dass sie gestohlen hatten, sondern dafür, dass sie sich haben ______________ lassen?

❒ die Hauptmahlzeit der Spartaner immer aus einer schwarzen ______________ bestand?

❒ nicht nur derjenige, der im Kampf vor Schmerzen oder aus Angst schrie, bestraft wurde, sondern auch sein bester ______________?

❒ Spartaner auf Fragen nur ______________ antworten durften?

❒ Spartaner nicht ______________ oder schwatzen durften?

❒ Spartaner nur im Krieg Sandalen trugen und sonst ______________ herumliefen?

❒ Spartaner im Winter ______________ in ihr Bett aus Schilfrohr legten, damit ihnen durch das Scheuern und Kratzen der Haut wärmer wurde?

❒ alle spartanischen Männer bis 60 von ihren Familien getrennt ______________ lebten?

❒ die Spartaner ______________ anstelle von Geldmünzen benutzten?

❒ Spartaner nicht ______________ durften?

❒ nach einer verlorenen Schlacht die Frauen der gefallenen Krieger Freude zeigten, die Frauen der Überlebenden sich aber vor ______________ nicht aus ihren Häusern trauten?

❒ die jüngeren den älteren Jungen ______________ mussten?

❒ die Älteren den Jüngeren zur Strafe in die Hand ______________, wenn sie einen Fehler gemacht hatten?

❒ spartanische Mädchen und Frauen keine schönen ______________ tragen durften?

❒ Spartaner immer mal wieder grundlos ______________ wurden, damit sie lernten Schmerzen zu ertragen?

Brücke zwischen gestern und heute

Was uns mit der Antike verbindet

Antike griechische Geschichte ist die Wiege unserer heutigen Kultur. Uns verbindet eine ganze Menge mit dem antiken Griechenland. Dieser Brückenschlag zwischen gestern und heute soll jetzt von dir vollzogen werden. Als Hilfe dazu haben wir dir einen Baum vorgegeben, dessen Wurzeln die antiken Ursprünge, dessen Krone unsere Kultur darstellen sollen.
Die Aufgabenstellung findest du auf der nächsten Seite.

Einige Begriffe und Namen, die eine Brücke zwischen gestern und heute schlagen, sollst du zuordnen.

- ➢ Die antiken „Wurzel"-Begriffe kannst du ausschneiden (Kopie!) und in die Kästchen an den Wurzeln des Baumes kleben.
- ➢ Moderne Begriffe, die unsere Kultur prägen und ihren Ursprung bereits in der Antike haben, schneidest du auch aus und klebst sie in die Kästchen an der Baumkrone.
- ➢ Welcher moderne Begriff sich von einem antiken Begriff ableitet, kannst du durch Verbindungslinien (farbig) andeuten.

Wenn du beim Aufkleben und Zuordnen ein wenig geschickt vorgehst, bleibt auch alles übersichtlich.

Antike Wurzeln:

Komödie	Homer	Sokrates	Euklid
Olympia	Platon	Pädagogos	Gymnasion
Polis	Tragödie	gr. Sprache	Perikles
gr. Philosophie		gr. Zahlensystem	

Moderne Kulturbegriffe, die aus den Wurzeln entstanden sind:

Demokratie	Geometrie	Theater	Fremdwörter
Redefreiheit	Pädagoge	Politik	Olymp. Spiele
Lebensweisheiten	Mitbestimmung	mod. Zahlensysteme	
Mythologie und Sagen			

„Antike" Knobelecke – Spiele für Pfiffige

❒ Entfernungen bei antiken Liebespaaren

Paris und die schöne Helena haben sich unsterblich ineinander verliebt. Und kaum ist Menelaos, Helenas Gemahl, auf Reisen, stürmt Paris nach Sparta um Helena zu entführen. Auch Helena ist nicht ganz abgeneigt mit Paris zu fliehen.
So eilt sie ihm, wenn auch etwas zögerlich, entgegen. Nehmen wir also an, Paris startet von Punkt A und Helena von Punkt B.
A sei von B 10 km entfernt. Punkt C nennen wir den Punkt, an dem die beiden sich treffen. Paris macht sich eine Stunde nach Sonnenaufgang auf den Weg nach Sparta, Helena verlässt ihren Palast eine Stunde später. Sie ist noch etwas zögerlich und ist daher nur halb so schnell wie Paris, der 4 km pro Stunde zurücklegt. Wer ist weiter von B entfernt, wenn sie sich in C treffen?

❒ Griechischer Dreisatz

- 4 griechische Ruderer bewegen ein Boot in 3 Stunden über 12 Kilometer. Wie lange brauchen 12 griechische Ruderer über die gleiche Distanz?
- 5 griechische Reiter schaffen mit ihren Pferden eine Distanz von 30 km in 2 Stunden. Wie lange brauchen 7 griechische Reiter für diese Distanz?
- 4 griechische Pan-Flötenspieler spielen einen Tanz in 6 Minuten. In wie vielen Minuten schaffen das 6 griechische Pan-Flötenspieler?

❒ Zeitprobleme beim Marathonlauf

Der Perserkönig Dareios wollte ganz Griechenland unterwerfen. Und so schickte er ein Heer von ca. 20 000 Soldaten über das Meer um gegen die Griechen zu kämpfen.
Im Jahre 490 v. Chr. landete das gut ausgerüstete persische Heer in der Ebene von Marathon, ungefähr 42 km nordwestlich von Athen.
Doch obwohl die Griechen, meist Athener, mit nur 1 000 Mann den Persern zahlenmäßig weit unterlegen waren, siegten sie in der entscheidenden Schlacht bei Marathon und bewahrten sich so – wenigstens fürs erste – ihre Freiheit.
Voller Freude über diesen Sieg soll ein Athener sofort von Marathon losgelaufen sein um den Sieg in Athen zu melden.
Er schaffte die mörderische Distanz. Doch nachdem er keuchend und völlig ausgepumpt seine Botschaft überbracht hatte, brach er tot zusammen.
Wenn wir annehmen, dass dieser antike Läufer für ca. 40 km (genaue Marathonstrecke: 42 km) 4 Stunden gebraucht hat, so war er bergauf, bergab mit einer durchschnittlichen Geschwindigkeit von 10 km pro Stunde unterwegs.
Nehmen wir einmal an, dass es von Bedeutung gewesen wäre, die Botschaft nach nicht mehr als 4 Stunden zu überbringen.
Nehmen wir weiter an, dass die erste Hälfte des Weges steil bergan führte und der Athener nur mit der Geschwindigkeit von 5 km/h diese Distanz schaffte.
Wie schnell hätte er auf der zweiten Hälfte der Distanz laufen müssen um die Botschaft rechtzeitig (innerhalb der 4 Stunden) zu überbringen?

❒ Achilles und die Schildkröte

Ein kurioser antiker Wettlauf

Du weißt sicher, dass Achilles einer der schnellsten Läufer der Antike war.
Wie langsam dagegen eine Schildkröte ist, kannst du dir sicherlich vorstellen.
Nehmen wir an, Achilles sei 10-mal schneller als die Schildkröte. Würden beide zur gleichen Zeit an einer Markierung starten, so wäre das Rennen sicherlich unfair.
Also geben wir, dem edlen griechischen Geist folgend, der Schildkröte einen Vorsprung, damit sie eine Chance hat.
Beide starten gleichzeitig, die Schildkröte jedoch mit einem Vorsprung von 100 Metern.
Der Startbefehl erfolgt – jetzt!!!
Ist nun Achilles die 100 m gelaufen, so hat die Schildkröte 10 m zurückgelegt und befindet sich genau diese 10 m vor Achilles.
Aber das Rennen geht ja weiter. Achilles läuft natürlich auch diese 10 m. Die Schildkröte ist währenddessen 1 m weiter gekrochen und befindet sich 1 m vor Achilles.
Selbstverständlich läuft Achilles auch diesen Meter, doch die Schildkröte hat schon wieder einen Vorsprung von 10 cm. Achilles läuft und läuft. So auch diese 10 cm. Aber die Schildkröte ist 1 cm vor ihm.
Selbst das Durcheilen dieses 1 cm bringt Achilles nichts. Zwar schmilzt der Vorsprung, doch die Schildkröte ist noch 1 mm vor ihm.
So holt Achilles die Schildkröte nie ein.
Immer entwischt sie ihm wieder ein Stückchen.
War der Vorsprung doch zu groß?

In deiner Griechenland-Mappe kannst du eine Zeichnung des Wettlaufes erstellen. Bilde auch die einzelnen Stationen dieses Wettlaufes ab.

❒ Griechischer Kalender

Die Überschrift heißt zu Recht nicht: Der griechische Kalender.
Eine einheitliche Methode um Jahre auszudrücken gab es nicht.
Jeder Stadtstaat besaß seine eigene Methode.
Ab dem 4. Jahrhundert v. Chr. wurden die Olympischen Spiele, bei denen sich alle Griechen trafen, für eine Kalenderrechnung verwendet.
Da 776 v. Chr. die Spiele zum ersten Mal stattfanden, setzte man dieses Jahr mit 1.1 gleich.
775 v. Chr. war demnach 1.2.
774 v. Chr. wurde durch 1.3 ausgedrückt.
773 v. Chr. wurde zum Jahr 1.4.
Als 772 v. Chr. die zweite Olympiade gefeiert wurde, war dieses Jahr 2.1 (das erste Jahr der zweiten Olympiade).

Führe verschiedene Umrechnungen durch.

➢ Rechne verschiedene Jahre v. Chr. (spater auch n. Chr.) unseres heutigen Kalenders in diesen griechischen Kalender um.

➢ Auch die umgekehrte Umrechnung kannst du durchführen.

Vielleicht schaffst du es ja sogar, dafür Formeln zu entwickeln.
(Diese Seiten kannst du in deiner Griechenland-Mappe abheften.)

❒ Magisches Quadrat

Schneide die unten gezeigten 8 Buchstaben aus (Kopie!). Fülle damit das 3 x 3 – Quadrat auf dieser Seite. Aber nicht beliebig, sondern so:

- ➢ In die erste Zeile legst du den Namen des griechischen Buchstaben X oder χ.
- ➢ In die zweite Zeile passt das Gegenteil von weit.
- ➢ In die dritte Zeile legst du 2 Buchstaben, sodass sich ein Skatbegriff ergibt.
- ➢ Das untere rechte Feld bleibt frei.
- ➢ Verschiebe nun die Buchstaben unter Ausnutzung des freien Feldes so, dass sich von links nach rechts gelesen ein Volk ergibt, von dem dieses LERNERLEBNIS handelt.

I	R	H	N	E	C	G	E

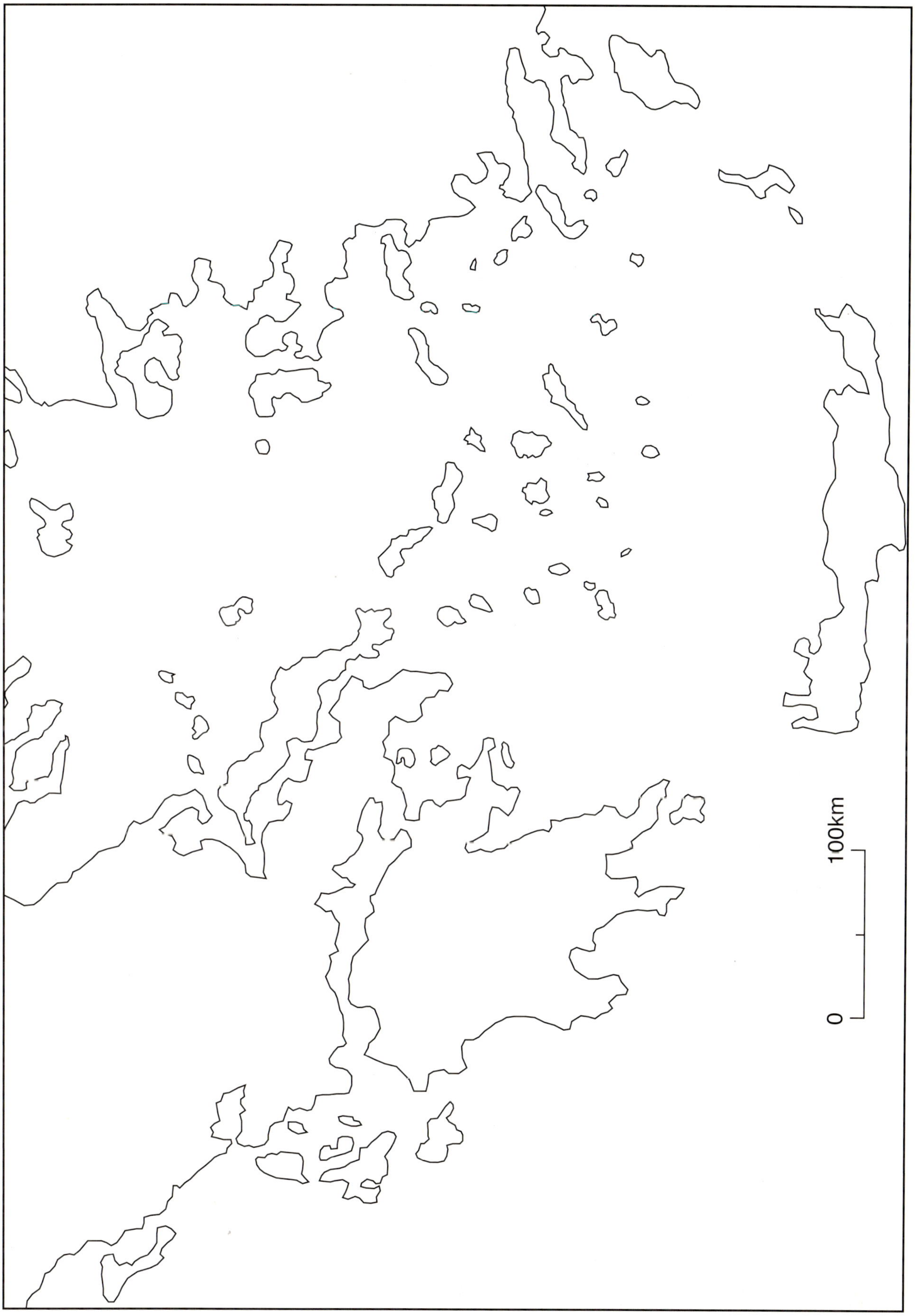
0
100km